# धैर्य

# धैर्य

## नेतृत्व, क्षमता, प्रेरणा, सफलता

**प्रगतिशील युवा शृंखला**

**विरेंदर कपूर**

अनुवाद

**सेवक नैयर**

DHAIRYA
Virender Kapoor
Translated by Sewak Nayyar

Published by Qurate Books Pvt. Ltd.



Published in 2023



**ISBN:** 978-81-96320-42-3

qurate
quratebooks.com

**Qurate Books Pvt. Ltd.**
Goa 403523, India
www.quratebooks.com
Tel: 1800-210-6527, Email: info@quratebooks.com

# विषयसूची

# परिचय

आज, हम जल्दबाज़ी और भगदड़ के युग में जी रहे हैं। हमें हमेशा यही लगा रहता है, "अभी नहीं तो कभी नहीं" या फिर "मुझे यही चाहिए, अभी चाहिए, सबसे अधिक चाहिए और सबसे बढ़िया चाहिए"। जीवन में हर चीज़ अच्छी हो, अच्छी मात्रा में हो, फौरन मिल भी जाए, इच्छाओं का ऐसा इंद्रजाल है जो हमें चैन से जीने नहीं देता। हमें हमेशा परेशान करता रहता है। लेकिन आप यह पुस्तक इसलिए पढ़ रहे हैं ताकि अपने जीवन में धैर्य का महत्त्व समझ सकें और जीवन धैर्यपूर्वक कैसे बिताया जा सकता है उसका मर्म जान सकें।

आज से चालीस-पचास साल पहले, लोग बड़ा सुखी और आनंदमय जीवन जीते थे क्योंकि उनके पास अवकाश की, फुर्सत की, खाली समय की कोई कमी नहीं होती थी। गली के नुक्कड़ पर रखे किसी बेंच पर या कभी-कभी तो ज़मीन पर बिछे किसी बड़े पेड़ के सूखे टुंड पर बैठकर ही वे कई-कई घंटे बिता दिया करते थे, गप्पें हाँका करते थे, चुटकुले सुनाते या फिर एकदम बे-सिर-पैर की लक्ष्यहीन गपशप में व्यस्त रहते थे।

आज हम लक्ष्यहीन तो हैं ही, एक भयानक जल्दी में भी हैं। हमारे पास जीवन का आनंद लेने का भी समय नहीं है। केवल काम ही काम है। करने को और कुछ नहीं तो हम रात-दिन मोबाइल फोन पर ही लगे रहते हैं। व्हाट्सएप मेसेजिज़ देखने में, उनपर अपनी प्रतिक्रियाएँ देने में और उन्हें आगे से आगे फॉरवर्ड करने की होड में लगे रहते हैं। और इसी चक्कर में, हम अपना धैर्य भी गंवा बैठे हैं। किसी भी चीज़ की सब्र से प्रतीक्षा करने की क्षमता खो बैठे हैं।

हम बिना-वजह अपने लिए कई प्रकार के लक्ष्य निर्धारित करते रहते हैं। बड़ी-बड़ी कंपनियों के मुख्य अधिशासी अधिकारियों (सी ई ओ) को हर तीन महीनों में संकट का

सामना करना पड़ता है, जब कंपनी के तिमाही परिणामों व फायदे-नुक्सान की घोषणा करनी होती है। गए दिनों में सरकारें भी पंचवर्षीय योजनाएँ बनाती थीं, यानि अपने काम-काज और उपलब्धियों का लेखा-जोखा उन्हें पाँच-पाँच वर्ष बाद ही देना होता था। लेकिन वर्तमान सरकारों को हर सौ दिन में हिसाब देना पड़ता है। बिना-मतलब लक्ष्य निर्धारित करके हम न केवल अपने बल्कि दूसरों के जीवन को भी नरक बना देते हैं। "आ बैल मुझे मार" के कथन को सत्यार्थ करने में लगे रहते हैं। हालत यह हो चुकी है कि हम कोई भी काम शुरू करने से पहले मन ही मन शपथ ले लेते हैं कि, "मैं जो भी करुंगा, जल्दी करूंगा। जल्दी के सिवा कुछ नहीं करुंगा।" अपने-आप को दुखी करने का यह सबसे बढ़िया नुस्खा है।

पहले हमारे जीवन में केवल 'समय' होता था। आज समय के प्रकार बन चुके हैं: Real Time (वास्तविक समय), Quality Time (बहुमूल्य समय), Me Time (मेरा समय), Happy Time (खुशी का समय, खासकर रेस्तरां में)... आदि। लेकिन फिर भी हमें 'समय' का अभाव रहता है, क्योंकि हम जीवन का सबसे मूल्यवान गुण, 'धैर्य' अथवा 'धीरज' गंवा बैठे हैं, जिसका प्रभाव हमारी खुशियों, हमारे स्वास्थ्य, यहाँ तक कि हमारे जीवन पर भी पड़ रहा है।

सरल शब्दों में कहें तो, 'धैर्य' का अर्थ है किसी भी संकट, निराशा और पीड़ा के समय में अपने आपको शांत बनाए रखने की क्षमता। अपनी 'टर्न' यानि अपनी बारी की प्रतीक्षा कर सकने की क्षमता। धैर्य का महत्व अच्छी तरह समझने के लिए इसे समय के परिपेक्ष्य में रखकर देखना ज़रूरी है। जैसे कि, किसी कतार में अपनी बारी की प्रतीक्षा करते समय, ट्रैफिक जाम में फँसकर परेशान होते समय, किसी महत्वपूर्ण एवं अपेक्षित घोषणा की प्रतीक्षा करते समय, यह महसूस करना कि --- क्या कुछ ज़्यादा ही समय नहीं लग रहा ? अर्थात, धैर्य की परख समय की कसौटी पर ही की जा सकती है। धैर्य के होने या न होने का अनुमान कुछ और स्थितियों में भी लगाया जा सकता है, जैसे कि: किसी अनचाहे मित्र या फिर किसी विचित्र और मूर्ख व्यक्ति के साथ व्यवहार करते समय जो कुछ भी समझने में असमर्थ हो; किसी बच्चे को समझाते समय जो बार-बार एक ही गलती किए जा रहा हो; घर के किसी सदस्य को पढ़ाते समय जो कुछ भी सीखने के लिए राज़ी न हो; किसी बच्चे को बहलाते समय जिसका रोना बंद ही न हो रहा हो; या फिर किसी मक्खी को हाथ से हटाते समय जो बार-बार हमारी नाक पर आकर बैठ रही हो या किसी मच्छर को भगाते समय जो निरंतर हमारे कानों में भिनभिनाए जा रहा हो।

वास्तव में 'धैर्य', समय और भावनात्मक प्रतिक्रियाओं, दोनों का मिश्रण है --- फिर चाहे वे प्रतिक्रियाएँ सोची समझी हों या आकस्मिक।

उदाहरण के तौर पर, जब आप दस-बीस मिनट चुपचाप किसी दोस्त की बकवास सुनते रहते हैं, जो आपसे बिलकुल संबंध नहीं रखती, तो आप 'धैर्य' में 'समय' के घटक का प्रदर्शन कर रहे होते हैं। लेकिन एक बार उस व्यक्ति की बकवास बंद हो जाए और फिर भी आप उसे गर्दन से पकड़कर उसकी पिटाई करने की बजाए चुपचाप खड़े रहें, उसकी बकवास पर कोई प्रतिक्रिया न दें, तो आप 'धैर्य' में 'भावनात्मक' घटक का प्रदर्शन करते हैं। इस प्रकार 'धैर्य' का संबंध समय से भी है और भावनाओं पर हमारे नियंत्रण से भी।

धैर्य का एक और पहलू भी है: परिणाम अथवा नतीजों के बारे में आतुर अथवा चिंतित होना। आइए इस बात को समझते हैं। आपके पास यू-ट्यूब पर या किसी अन्य यंत्र पर, अनेकों गाने सुनने का विकल्प उपलब्ध है, लेकिन आप किसी एक गायक को टिककर नहीं सुन सकते; आप पहले किशोर कुमार के गाने लगाते हैं, फिर एक ही मिनट में मोहम्मद रफ़ी पर पहुँच जाते हैं, फिर शीघ्र ही सोनू निगम को सुनने लगते हैं और फिर यकायक मीका सिंह को। इसका मतलब है कि आप अत्यंत आतुर हैं, बेचैन हैं, और मिनट भर के लिए भी किसी एक स्थान पर टिककर नहीं रह सकते। या फिर मान लीजिए कि आप एफ एम रेडियो सुन रहे हैं और अकारण रेडियो स्टेशन बदलने लगते हैं। पिछले ज़माने में हमारे पास सीमित विकल्प हुआ करते थे; हम हिंदी या अंग्रेजी के वही गाने सुन पाते थे जो उस समय प्रचलित होते थे और रेडियो पर बार-बार बजाए जाते थे। हम नया और बढ़िया संगीत सुनने की आशा से रेडियो ऑन करते थे लेकिन रेडियो पर जो भी बज रहा होता था उसी को सुनने लगते थे, उसी को पसंद करने लगते थे और उसी का आनंद लेने लगते थे। विकल्पों में उलझकर अपनी पसंद को लगातार बदलते रहना धैर्य नहीं अपितु एक प्रकार की अधीरता का द्योतक है।

ऐसे ही, परिणाम की प्रतीक्षा न कर पाना भी धैर्य का एक और विलक्षण है। मान लीजिए आपने किसी स्पर्धात्मक परीक्षा में भाग लिया है और उसका परिणाम अगली सुबह वेबसाइट पर अपलोड होना है। आप चिंतित हैं कि आप उत्तीर्ण होंगे या नहीं ? ऐसे में यह बात आप पर निर्भर करती है कि आप अधीर होना चाहते हैं या धैर्यवान? हालाँकि आपके अधीर होने से भी परिणाम में तो कोई बदलाव नहीं आ सकता। लेकिन परिणाम की प्रतीक्षा आपके दिमाग पर भारी पड़ने लगती है। आपको लगता है कि आपके जीवन की डोर कच्ची पड़ रही है और कुछ भी हो सकता है। ऐसे में आप शांत भी रह सकते हैं और अधीर भी। ऐसी परिस्थिति में भावनाएँ बड़ी भूमिका निभाती हैं। इसलिए, भावनाओं पर नियंत्रण अथवा आत्म-संयम भी धैर्य का केंद्र-बिन्द माना जा सकता है। इस पुस्तक में हम इन सब पहलुओं पर चर्चा करेंगे और आपकी शंकाओं का समाधान खोजने का प्रयास करेंगे।

जीवन में सफल, स्वस्थ एवं खुश रहने के लिए हमारे अंदर 'धैर्य' का होना बहुत आवश्यक है --- हर अवस्था में शांत रहना ही धैर्य है। सुनने में कितना सरल लगता है। नहीं ? लेकिन वास्तव में ऐसा नहीं है। सर्वथा नहीं। यही इस पुस्तक का मर्म है --- आपको यह बताना कि किसी भी स्थिति में शांत कैसे रहा जाए --- शांति और धैर्य का राम-बाण लेकर !

विरेंदर कपूर

# 1
# धैर्य-दर्शन

*I have seen many storms in my life. Most storms have caught me by surprise, so I had to learn very quickly to look further and understand that I am not capable of controlling the weather, to exercise the art of patience and to restore the fury of nature.*

*मैंने जीवन में कई तूफान देखे हैं। उनमें से बहुतों ने मुझे आश्चर्यचकित किया, इसलिए मुझे शीघ्र ही सीखना पड़ा कि मैं आगे की सोचूँ और यह मान कर चलूँ कि मैं मौसमों को वश में करने में सक्षम नहीं हूँ, इसलिए मुझे धैर्य से काम लेना चाहिए और कुदरत के प्रकोपों का सम्मान करना चाहिए।*

*— Paulo Coelho*
*— पॉलो कोह्लो*

मनुष्य के जीवन पर धैर्य का क्या प्रभाव पड़ सकता है, यह जानने के लिए धैर्य के विभिन्न पहलुओं को समझना बहुर ज़रूरी है। तभी हम उन्हें अपने जीवन में उतारने के तरीकों के बारे में सोच सकेंगे।

**धैर्य-दर्शन**
धैर्य का अर्थ है सहन करने की क्षमता--- मानसिक रूप से सहन करने की क्षमता। कुछ लोगों का मानना है कि धैर्य और सहनशीलता कमजोरी एवं कायरता के प्रतीक हैं --- हार मानने की प्रवृत्ति को दर्शाते हैं। लेकिन ऐसा नहीं है।

धैर्य वास्तव में बहुत बड़ी शक्ति है। सब धर्मों का मानना है कि ईश्वर धैर्यवान लोगों की मदद करता है। भगवद्-गीता जैसे प्राचीन ग्रन्थ में भी धैर्य के महत्व का गुणगान किया गया है, "धैर्य व निरंतर प्रयास द्वारा ही मनुष्य का मन धीरे-धीरे उसके शरीर में स्थिरता प्राप्त करता है।" यदि हम अपने आपको प्रकृति के अंश के रूप में देखें, तो हम पाएंगे कि प्रकृति भी बहुत धीरे-धीरे परिवर्तित होती है और अत्यंत धैर्यवान है।

यह कोई धार्मिक दर्शन नहीं है; बल्कि प्रकृति के नियमों पर आधारित सत्य है। आप एक बीज बोते हैं और हफ्तों तक उसे पानी देते रहते हैं, और तब जाकर एक पेड़ उगना शुरू होता है। लेकिन धैर्य का अर्थ केवल प्रतीक्षा करना भी नहीं है। इसमें पहले परिश्रम करना पड़ता है, नींव तैयार करनी पड़ती है, बीज बोना होता है, यह सुनिश्चित करना पड़ता है कि मिट्टी सही है और तैयार है, और फिर सही निर्णय लेने से पहले सुनिश्चित करना पड़ता है कि सब कुछ सही है। तभी सफलता प्राप्त होती है।

धैर्य द्वारा लोगों ने कैसे सफलता प्राप्त की, इसके कई उदाहरण हैं। आधुनिक विज्ञान के जन्म-दाता, आइजैक न्यूटन, युवावस्था में अक्सर चुपचाप रहते थे, जिससे उन्हें 'वूलगैदरर' (ऊन इकट्ठा करने वाला) भी कहा जाने लगा था। बाद में पता चला कि न्यूटन में किसी बात पर ध्यान लगाने की असाधारण क्षमता थी। उन्होंने जो किया, वह सब धैर्य के बिना नहीं हो सकता था।

**धैर्यवान होने का सबसे बड़ा फायदा यह है कि हम निराश हुए बिना निराशा का सामना कर सकते हैं।** धैर्य तनावपूर्ण परिस्थितियों में भी हमारे स्वास्थ्य की रक्षा करता है और हमारे तन, मन और आत्मा के बीच उचित संतुलन बनाए रखता है। धैर्यवान लोगों के पारस्परिक संबंध भी बेहतर होते हैं। धैर्य हमारे मानसिक व शारीरिक स्वास्थ्य पर भी सकारात्मक प्रभाव डालता है। अध्ययन ने साबित कर दिखाया है कि धैर्यवान लोग बहुत कम 'डिप्रेशन' (अवसाद) की स्थिति में जाते हैं, वे अधिकतर खुशहाल जीवन जीते हैं। अधीर लोगों से कहीं बेहतर जीवन जीते हैं। यह बात पूरी तरह सिद्ध हो चुकी है कि धैर्य, सकारात्मकता और आशा के बीच एक गहरा रिश्ता है।

*धैर्य संतोष है और संतोष ही धैर्य को जन्म देता है:* यदि आप हमेशा हर चीज़ को ज़्यादा-से-ज़्यादा पाने की लालसा करते रहेंगे, तो आप निश्चित तौर पर बेचैन और अधीर रहने लेगेंगे। धैर्यवान होने के लिए न केवल साहस बल्कि संतोष की आवश्यकता होती है। हमारी अधिकांश अधीरता हमारे दोस्तों के प्रति, अपने-ख़ुद के प्रति और हमारे सामान्य रूप से चल रहे जीवन के प्रति हमारे असंतोष का ही परिणाम होती है।

*धैर्य हमें ज़्यादा लचीला, सहिष्णु और कुशल बनाता है:* एक धैर्यवान व्यक्ति अपनी ऊर्जा और श्वास बड़े कामों के लिए बचाकर रखता है, इन्हें मोटर-बाइक पर एक ही स्थान पर गोल-गोल घूमते रहने में बर्बाद नहीं करता है।

*धैर्य दया है:* जब कोई आपसे निर्बल व्यक्ति आपको परेशान करता है या आपसे कोई उम्मीद रखता है, तो उसके प्रति आपका व्यवहार ही आपके चरित्र को दर्शाता है। यदि आप चंद सिक्कों के लिए आपको लगातार परेशान कर रहे किसी भिखारी पर गुस्सा करते हैं, उसपर चीखने-चिल्लाने लगते हैं, तो समझ लीजिए कि आप अपना मानसिक संतुलन खो बैठे हैं। यदि कोई वेटर गलती से किसी चीज से टकराकर आपके ऊपर पानी गिरा देता है और आप उस पर क्रोधित हो उठते हैं तो उसका भी मतलब यही है कि आप अपना मानसिक संतुलन खो बैठे हैं। इसलिए, जब आप विचलित कर देने वाली कठिन परिस्थितियों में भी संयम दिखाते हैं तो आप उत्तम चरित्र और बढ़िया आत्म-नियंत्रण का प्रदर्शन कर रहे होते हैं। कई बार सही अथवा अच्छा काम ही सबसे आसान काम नहीं होता, फिर भी करने लायक वहीं काम होता है।

*साधकों के लिए धैर्य सबसे महत्वपूर्ण बात है:* साधकों के लिए ध्यान और एकचित्त होना बहुत महत्व रखते हैं --- चाहे वे ईश्वर के साधक हों या सत्य के साधक। आत्मज्ञान के नज़दीक पहुँचने के लिए भी बड़े धैर्य की आवश्यकता होती है। क्या आपको लगता है कि भगवान बुद्ध ने अंतिम ज्ञान और बोध यूँ ही प्राप्त कर लिया ? उसके लिए उन्हें कई वर्ष तक घोर साधना और ध्यान करना पड़ा था।

जब आप भगवान से किसी चीज के लिए प्रार्थना करते हैं, तो वह भी तुरंत स्वीकार नहीं हो जाती। उसमें भी आपको धैर्य की आवश्यकता पड़ती है। भगवान का सारा समय आपके लिए ही नहीं है; हालांकि आपका समय भी है --- लेकिन वह तभी आएगा जब भगवान ने तय किया होगा। दुर्भाग्य से, आज आप भगवान में भी 'तत्काल भगवान' देखना चाहते हैं। आप शिरडी साईं बाबा के मंदिर में जाते हैं और 'बाबा के दर्शन' के लिए 'शॉर्टकट' (पतली गली) ढूंढने लगते हैं। लेकिन आपको उनके दर्शन तभी मिलते हैं जब वह दर्शन देना चाहते हैं। आपकी कार रास्ते में ख़राब हो सकती है, हो सकता है वह आपकी श्रद्धा आज़माने के लिए आपके सफर में बाधाएँ डालकर विलंब पैदा कर रहे हों। लोग घरों में पूजा करवाते हैं तो वहाँ भी छोटी लेकिन अधिक शक्तिशाली पूजा की विधि की डिमांड करते हैं। पंडितों और पुजारियों को 'शॉर्टकट' लेने और फुर्ती से पूजा समाप्त करवाने के लिए दान-दक्षणा के साथ-साथ रिश्वत दी जाती है।

जब आप बीमार पड़ते हैं, तो भगवान से की गई प्रार्थना आपको शक्ति प्रदान करती है जिससे आप धीरे-धीरे लेकिन निश्चित रूप से स्वस्थ होने के लिए धैर्यपूर्वक प्रतीक्षा कर सकें। यदि आप ऐसा करते हैं, तो आप अपने-आप पर दया भी करते हैं। हर समय रोते रहने और शिकायत करते रहने से आप शीघ्र स्वस्थ नहीं हो सकते। उसके लिए जो समय लगना है वह ज़रूर लगेगा।

**चीजों को व्यवस्थित होने दें।**

"हालात को संभलने दें" और "धूल को बैठने दें" बहुत सामान्य अभिव्यक्तियाँ हैं। वास्तव में, वे और कुछ नहीं बल्कि जीवन में धैर्य के महत्त्व को व्यक्त करने के अलग-अलग भाव हैं।

एक बार भगवान बुद्ध अपने शिष्यों के साथ एक शहर से दूसरे शहर की लंबी यात्रा कर रहे थे। वे एक छोटे सी नदी के पास आराम करने के लिए रुके। बुद्ध ने उनमें से सबसे छोटे शिष्य को पीने का पानी लाने को कहा। जैसे ही वह शिष्य जलाशय के पास पहुँचा, उसने देखा कि दो गायें नदी पार कर रही थीं। उस कारण पानी गँधला हो गया था और पीने योग्य नहीं रहा था। उसने वापस आकर बुद्ध को बताया कि नदी का पानी गँधला हो चुका है क्योंकि गायों ने अभी-अभी जलाशय पार किया है। बुद्ध ने घंटा-भर प्रतीक्षा की और शिष्य को फिर से जाने को कहा। वह गया और एक बार फिर वैसे ही वापस आ गया क्योंकि पानी अभी भी गँधला था। आधे घंटे के बाद, बुद्ध ने उसे फिर से जाने को कहा। शिष्य थोड़ा परेशान हुआ लेकिन चला गया और उसने देखा कि पानी बिल्कुल साफ हो चुका था। वह पानी का घड़ा भरकर बुद्ध के पास ले आया। बुद्ध ने उससे पूछा, "पानी को साफ करने के लिए तुमने क्या किया?" शिष्य ने उत्तर दिया, "मैंने कुछ नहीं किया। समय के साथ मिट्टी अपने आप नीचे बैठ गई।" यह शिष्य को पाठ पढ़ाने का भगवान बुद्ध का व्यवहारिक ढंग था।

इसलिए अपने आस-पास की अव्यवस्था व प्रतिकूल परिस्थितियों को सुधरने व सामान्य होने के लिए समय दें।

**करुणा, क्षमा और धैर्य का आपसी संबंध**

जब आप किसी से द्वेष रखते हैं या घृणा करते हैं, तो आप अपने अंदर गुस्से के गुबार दबाए रखते हैं, जिससे एक खास क़िस्म का ज़हर उत्पन्न होने लगता है जो जब तक आपके शरीर में रहता है, आपको परेशान करता रहता है। उसका निकास तभी हो सकता है जब आप उस व्यक्ति को क्षमा कर दें जिसने आपके साथ बुरा व्यवहार किया है। इस प्रकार, जो दया और करुणा आप दूसरों के प्रति प्रदर्शित कराते हैं, वास्तव में वह आपके अपने लिए ही होती है। दूसरों के प्रति दया और करुणा भाव दिखाकर आप अपने-आप पर ही दया और करुणा कर रहे होते हैं। इस तरह आप अपनी ही आत्मा को मुक्त कर रहे होते हैं। इसी तरह, जब आप धैर्य खोते हैं, तो आप अपना ही नुकसान कर रहे होते हैं --- यही वास्तविकता है। इसलिए, करुणा और धैर्य में सीधा संबंध है। जब आप धैर्य का प्रदर्शन करते हैं, आप अपने-आप पर दया कर रहे होते हैं।

Have patience with all things but first with yourself.

सब के लिए धैर्य रखें, लेकिन पहले अपने लिए।

— Saint Francis de Sales
— सेंट फ्रांसिस डी सेल्स

# 2

# आप मूल सिद्धांतों को नहीं बदल सकते- इच्छाएँ हमेशा पूरी नहीं होतीं

*If wishes were horses, beggars would ride.*

*यदि इच्छाएं अश्व होतीं, तो भिखारी उनकि सवारी करते।*

*— Scottish proverb*
*— स्कॉटिश कहावत*

**याद रहे**, दुनिया आपके मुताबिक नहीं चलती, आपको दुनिया के अनुसार चलना पड़ता है। यही धैर्य का मूल सिद्धान्त है। आप चाहते हैं कि हर काम आपकी इच्छानुसार हो लेकिन ऐसा नहीं होता और आप निराश हो जाते हैं। आपकी इच्छाएँ भी तो अनंत होती है। "काश, मेरा मित्र मुझे समझ पाए," "काश, टीचर असाइनमेंट (सौंपा गया काम) जमा करवाने के लिए मुझे थोड़ा और वक़्त दे दे," "काश, बिना पढ़ाई किए ही मुझे अच्छे अंक मिल जाएँ,", "काश, मैं क्लास में फ़र्स्ट आऊँ," "काश, मेरे माता-पिता मेरी समस्याओं को समझें"....! इच्छाओं की यह सूची निरंतर लंबी होती रहती है। अंततः आप स्वयं के लिए कई प्रकार के दबाव पैदा कर लेते हैं, जो निरंतर बढ़ते चले जाते हैं क्योंकि ज़िंदगी में हर काम आपकी इच्छानुसार नहीं होता।

यदि आप अपनी इच्छा-सूची की छंटनी कर उसे कम कर सकें, तो आप अधिक सुखी रहेंगे। हर काम तुरंत / तत्काल पूरा करने की इच्छा, या यूं कहें कि, "मुझे अमुक चीज़ चाहिए और अभी के अभी चाहिए," ऐसी मानसिकता काफी खतरनाक और कष्टप्रद हो सकती है।

इसका संबंध समय-संचालन से भी है। आप किसी रेस्तराँ में जाते हैं और देखते हैं कि वहाँ लोगों की बड़ी भीड़ पहले से ही प्रतीक्षा कर रही है। आप सोचते हैं, "हे भगवान! मैं प्रतीक्षा नहीं कर सकता। काश रेस्तराँ में बैठे लोग फुर्ती से खाएं और बाहर निकलें !" लेकिन केवल आपकी इच्छा कर लेने से ऐसा हो सकता है क्या ?

इच्छा की चरम सीमा पर George Carlin (जॉर्ज कार्लिन) की यह उक्ति पढ़ने योग्य है: "May the forces of evil become confused on the way to your house." (काश आपके घर जाती हुई समस्त बुरी शक्तियाँ भ्रमित होकर अपना रस्ता भूल जाएँ...!)

आप चाहते हैं कि ट्रेन सही समय पर आए ताकि आपको प्लेटफॉर्म पर प्रतीक्षा न करनी पड़े। आप चाहते हैं कि सिनेमा-हाल में टिकट की कतार में खड़े लोग तेजी से आगे बढ़ें, लेकिन ऐसा नहीं होता। इसलिए आप अपनी इच्छा-सूची और अपेक्षाओं को कम कर लेंगे तो सुखी रहेंगे। एक पुरानी कहावत है, "The contented one is he who is happy with his portion" (संतुष्ट व्यक्ति वही है जो उसके हिस्से से ख़ुश है।) आपके पास जो भी है उसी से ख़ुश रहना सीखें। दूसरे छोर की घास हमेशा अधिक हरी दिखाई देती है, लेकिन होती नहीं।

इसके साथ ही, हमें यह भी बताया जाता है कि हम हमेशा बड़ा सोचें, जीवन में ऊंचे लक्ष्य रखें और बड़े-बड़े सपने देखें। लेकिन यह तभी संभव हो सकता है जब हमारे लक्ष्य वास्तविक हों, प्राप्त होने योग्य हों, व्यवहारिक हों। आप धनवान भी बनना चाहते हैं और यह भी चाहते हैं कि यह तुरंत हो जाए। आपकी इच्छा का पहला भाग सही है लेकिन दूसरा नहीं।

हम जीवन में मूल सिद्धांतों को नहीं बदल सकते क्योंकि वे प्रकृति से संचालित होते हैं। यदि एक केक को पकने में आधा घंटा लगता है, तो आधा घंटा ही लगेगा। ओवन (चूल्हा) का तापमान बढ़ा देने से केक जल जाएगा, लेकिन जल्दी नहीं पकेगा। यदि सूर्योदय प्रात: 6:00 बजे होता है, तो आप उसे बदलने के लिए कुछ नहीं कर सकते। इसलिए अपनी दिनचर्या सूर्योदय के समय के अनुसार ढ़ाल लें, यह इच्छा न रखें कि वह 7 बजे उदय हो, क्योंकि ऐसा नहीं हो सकता। इस अध्याय में मैं जो कहना चाहता हूँ वह इस अद्‌त उद्धरण में कहा गया है:

> "God, grant me the serenity to accept the things I cannot change, the courage to change the things I can, and the wisdom to know the difference."
>
> — Reinhold Niebuhr

हे भगवान, मुझे उन चीजों को स्वीकार करने की समझ व स्थिरता दो जिन्हें मैं बदल नहीं सकता, उन चीजों को बदलने का साहस दो जिन्हें मैं बदल सकता हूँ, और इन दोनों स्थितियों के बीच के अंतर को समझने की बुद्धि प्रदान करो।"

— रेनहोल्ड नीबुर

# 3

# हाँ, आप कर सकते हैं: धैर्य एक निर्णय है जो आप ले सकते हैं

*Patience is a virtue, and I am learning patience.*
*It's a tough lesson.*

*धैर्य एक गुण है, और मैं धैर्य सीख रहा हूँ।*
*यह कठिन सबक है।*

*— Elon Musk*
*— इलौन मस्क*

**उपरोक्त उद्धरण** सरल प्रतीत होता है क्योंकि यह है ही सरल। मनुष्य के दिमाग में इतनी शक्ति होती है कि उसका अनुमान लगाना भी कठिन है। आप एक बार कुछ सोच लेते हैं, तो आप स्वयं भी नहीं जानते कि उसे हासिल करने के लिए आप कितनी शिद्दत से जुड़ जाते हैं। कई महान अथवा साधारण लोगों के जीवन से देखने को मिलता है कि निर्णय की शक्ति से क्या-क्या हो सकता है।

जेल की सजा बड़ी दर्दनाक हो सकती है। आपको अकेले रहना पड़ता है, वह भी अत्यंत असुविधाजनक परिस्थित्यों में। ऊपर से आप पर अपराधी होने का ठप्पा लगा दिया जाता है। आपका कोई नाम नहीं रहता, आप केवल एक नंबर बनकर रह जाते हैं।

## धैर्य का एक महान उदाहरण: नेल्सन मंडेला

नेल्सन मंडेला को सत्ताईस वर्ष के लिए कारावास में डाल दिया गया था। ज़रा सोच कर देखें कि सत्ताईस वर्ष कितने लंबे होते हैं ? हमारे देश में आजीवन कारावास चौदह वर्ष का होता है, लेकिन मंडेला की सज़ा शर्त-हीन व असीमित सज़ा थी। वह एक नंबर-मात्र बनकर रह गया था.... क़ैदी नंबर 46664 लेकिन उसके पास बर्दाश्त करने की शक्ति थी, उसका स्वभाव अत्यंत विनोदी था, वह अपने-आप पर हंस सकने की क्षमता रखता था, और संभवत: इन्हीं सब के बल पर वह सत्ताईस वर्ष तक धैर्यपूर्वक इंतज़ार कर सका।

जेल में बिताए दिनों का उल्लेख करते हुए उसने कहा है , "मैं सत्ताईस साल की लंबी छुट्टी पर गया था।" यही सही रवैया है, और ऐसा धैर्यवान रवैया ही आपको ऐसी अग्नि-परीक्षा से सफलता-पूर्वक बाहर निकाल सकता है।

मंडेला, अफ्रीकी राष्ट्रीय कांग्रेस (ए एन सी) का सदस्य था, जो रंगभेद के विरोध में संघर्ष कर रही थी। उसे 1962 में गिरफ्तार किया गया और बाद में सत्ता-पलटने की साजिश के जुर्म में आजीवन कारावास की सजा सुना दी गई। मंडेला के कारावास के सत्ताईस वर्ष रोबेन द्वीप, पोल्समूर जेल और विक्टर वर्स्टर जेल में व्यतीत हुए।

केप टाउन शहर के निकट स्थित कुख्यात रोबेन द्वीप का नाम एक समय में वहाँ पाई जाने वाली सील मछलियों के नाम पर पड़ा, डच भाषा में सील को रोबेन कहते हैं। कुष्ठ-रोग कॉलोनी के रूप में एक छोटी सी अवधि को छोडकर, रोबेन द्वीप तीन शताब्दियों तक एक जेल-द्वीप और देश-निकाले के लिए उचित स्थान के रूप में ही जाना जाता रहा।

एक जेल वार्डन ने मंडेला का अभिवादन करते हुए उससे कहा था, "यही तुम्हारा द्वीप है। तुम यहीं प्राण त्यागोगे।" अभिवादन का यह कैसा विचित्र ढंग था --- जो किसी भी बहादुर व्यक्ति के हौसलों को पस्त कर सकता था। तीन या सात वर्ष के कारावास की सजा से भी आपको आशा बनी रहती है कि एक दिन आप आज़ाद होंगे, लेकिन मंडेला की परिस्थिति एकदम अलग थी --- अवधि-रहित, आजीवन कारावास, यानि प्राण त्यागने तक की जेल।

उसे और उसके साथियों को राजनैतिक बंदियों के लिए बनाए गए नए सेल्ल् (कोठरियों) में रखा गया था। वार्डन सख्त थे और बदतमीजी से पेश आते थे। कंक्रीट के अहाते के इर्द-गिर्द हर कैदी की 7′ X 7′ की एक कोठरी होती थी। शुरू-शुरू में उन्हें पढ़ने के लिए कोई सामाग्री भी नहीं दी जाती थी। समय बिताना बड़ा मुश्किल काम होता था।

उन्हें हथौड़ों से पत्थर तोड़ने पड़ते थे और चूने की चौंधिया देने वाली सफ़ेद खानों में चूना खोदने का काम करना पड़ता था। उनकी सज़ा बा-मुशक्कत सज़ा थी। नेल्सन

मंडेला अक्सर जेल कर्मचारियों के दुर्व्यवहार की आलोचना किया करता था जिस कारण उसे सबक सिखाने की गरज से 'आइसोलेशन' में (सबसे अलग) रखा जाता था। यह सबसे बड़ी मानसिक यातना होती थी क्योंकि आइसोलेशन में समय गुज़ारना आसान नहीं होता। ऐसी स्तिथि में कोई भी व्यक्ति अपना मानसिक संतुलन गंवा सकता है। ऐसे में ज़िंदा रहने के लिए शांत और धैर्यपूर्वक रहना ही एकमात्र उपाय होता था।

मंडेला ने अपनी आत्म-कथा, 'द लॉन्ग वॉक टू फ्रीडम' में इस बात का वर्णन इस प्रकार किया है, "उन शुरुआती वर्षों में, अकेले रहना मेरी आदत बन गई थी। किसी भी नियम के छोटे-से-छोटे उल्लंघन के लिए हमें दोषी मान लिया जाता था और 'आइसोलेशन' का दंड दिया जाता था। हमारी अवज्ञा और विद्रोही मानसिकता की यही सज़ा होती थी। 'आइसोलेशन' मुझे जेल के जीवन का सबसे भयावह पहलू लगा। न किसी चीज़ की शुरुआत होती थी और न अंत; केवल मन था, जो खुद ही तरह-तरह के खेल खेलने शुरू कर देता था।"

जेल-अधिकारी प्राय: कैदियों को सबक सिखाने के लिए कई प्रकार की अप्रिय स्थितियाँ पैदा कर देते हैं। और ये लोग तो राजनैतिक क़ैदी थे, किसी प्रकार की दया की अपेक्षा भी नहीं कर सकते थे।

दुर्भाग्यवश, जेलों में साधारण अथवा विचाराधीन बंदियों पर भी बहुत कम दया दिखाई जाती है। भारत में तो जेलें वैसे ही खचाखच भरी रहती हैं, स्वच्छता की स्थिति भी दयनीय होती है। वार्डन्स भी अक्सर पत्थर-दिल होते हैं। ऐसे में, दुख को कम तकलीफ-देह बनाने के लिए मंडेला ने धैर्य का रास्ता चुना।

मेडिटेशन (साधना) भी जेल-स्टाफ और कैदियों के लिए काफी लाभप्रद हो सकती है। भारतीय पुलिस सेवा (आईपीएस) की महिला अधिकारी, डा किरण बेदी ने, तिहाड़ जेल की महानिरीक्षक (आई जी) के रूप में (कैदियों के प्रति अपने कठोर रवैये के बावजूद) जेलों की दशा सुधारने के लिए जो भी वह कर सकती थी वह किया। उसने जेल-कर्मचारियों और कैदियों के लिए विपासना (ध्यान) का एक पाठ्यक्रम लागू किया, जिससे उन्हें बहुत लाभ हुआ। विपासना मन को शांति देने और धैर्य-शक्ति बढ़ाने का उत्तम प्राकृतिक उपाय है।

नेल्सन मंडेला कोई साधारण कैदी नहीं था। देश का पहला अश्वेत राष्ट्रपति बनने वाला था। उसने लिखा कि कारावास अपनी साधारण सांसारिक दिनचर्या की वजह से भी मानसिक चुनौतियाँ पैदा कर सकता है। आपके पास अपनी मर्ज़ी से कुछ भी करने की अनुमति नहीं होती। कोई विकल्प भी नहीं होते। उसने अपनी पुस्तक में लिखा, "Each day like the one before ; each week like the one before it, so that the months and years blend into each other." (हर दिन पहले दिन जैसा; हर सप्ताह पहले सप्ताह की तरह; ताकि महीने और वर्ष एक-दूजे में विलीन हो जाएँ।)

रचनात्मक ढंग से समय बिताने के लिए पुस्तकें मनुष्य की बेहतरीन साथी बन सकती हैं। शुरू में उन्हें कोई भी पठन-सामग्री रखने की अनुमति नहीं थी, लेकिन जब मंडेला के नेतृत्व में कैदियों ने इसके लिए हठ किया, तो उन्हें पठन- सामग्री प्रदान की गई। हालांकि राजनीति और सैन्य इतिहास जैसे कुछ विषयों की पुस्तकों की सख्त मनाही थी, रोबेन द्वीप, 'University Behind bars' (सलाखों के पीछे का विश्वविद्यालय) के तौर पर जाना जाने लगा था। जैसे कि इतना ही काफी नहीं था, मंडेला को उसके बेटे की किसी दुर्घटना में हुई मौत पर, उसके अंतिम संस्कार में शामिल होने की अनुमति भी प्रदान नहीं की गई थी। लेकिन उसने यह सब बर्दाश्त किया . . धैर्यपूर्वक बर्दाश्त किया।

**एक टैक्सी ड्राइवर की कहानी**

एक महिला के लिए जीवन की गति रोककर किसी के लिए एक क्षण निकालने के कृत्य ने एक टैक्सी ड्राइवर का जीवन बदल दिया। यह मानवता की धैर्य-शक्ति और भाईचारे की भावना की कहानी है। यह दया के छोटे-छोटे इक्का-दुक्का कृत्यों की कहानी है जो लोगों के जीवन को काफी हद तक प्रभावित करने की क्षमता रखते हैं।

एक टैक्सी ड्राइवर दिए गए पते पर पहुंचा और हॉर्न बजाने लगा। कुछ देर प्रतीक्षा करने के बाद उसने फिर हॉर्न बजाया। फिर उसने टैक्सी पार्किंग में लगाई और घर के दरवाजे पर जाकर दस्तक दी। "बस एक मिनट," अंदर से किसी निर्बल अधेड़ व्यक्ति की आवाज़ आई। एक लंबे विराम के बाद दरवाजा खुला। नब्बे के आस-पास की उम्र की एक छोटी सी बुजुर्ग महिला उसके सामने खड़ी थी। उसने प्रिंट ड्रेस और घूंघटदार 'पिलबॉक्स' हैट (टोपी) पहन रखी थी। उसकी बगल में एक छोटा-सा सूटकेस था। घर जीर्ण-शीर्ण, अवस्था में था जैसे वर्षों से उसमें कोई न रह रहा हो।

"क्या आप यह सूटकेस कार तक ले चलेंगे?" महिला ने टैक्सी ड्राइवर से कहा। उसने बेमन से सूटकेस उठाया और टैक्सी तक ले गया। फिर वह बूढ़ी महिला की सहायता के लिए वापस आया। उसे उसपर दया भी आई क्योंकि वह बिल्कुल अकेली थी। महिला ने उसका हाथ थामा और वे धीरे-धीरे पार्किंग की ओर बढ़ने लगे।

महिला कार में बैठी और बोली, "ओह, माई गॉड, तुम कितने अच्छे लड़के हो।" फिर उसने बताया कि उसे कहाँ जाना है और पूछा, "क्या तुम शहर के बीचों-बीच वाले रास्ते से चल सकते हो?"

"वह रास्ता सबसे छोटा रास्ता नहीं है", टैक्सी ड्राइवर ने उस रास्ते से भाड़े के बढ़ने का संकेत देते हुए कहा।

"मुझे फर्क नहीं पड़ता," महिला ने उत्तर दिया, "मुझे जल्दी भी नहीं है। मैं अस्पताल जा रही हूँ।"

उसकी आँखों में चमक थी और आँसुओं की छोटी-छोटी बूंदें भी टपकने के लिए तैयार दिखाई दे रही थीं। फिर उसने कहा, "मेरे परिवार में कोई नहीं बचा, और डॉक्टर कहते हैं कि मैं भी ज़्यादा दिन नहीं जिऊंगी।"

महिला की बातों ने टैक्सी ड्राइवर को इतना भावुक कर दिया कि वह उठा और उसने टैक्सी के भाड़े का मीटर बंद कर दिया। फिर उसने महिला से पूछा, "तो आप किस रास्ते से चलना पसंद करेंगी ?"

हालांकि उसे खुद घर लौटने और अपने परिजनों से मिलने में देर हो रही थी, फिर भी टॅक्सी ड्राइवर ने समय के अभाव का कोई संकेत नहीं दिया। ऐसे व्यक्ति के साथ जो पूर्णतया असहाय था और जिसे उसकी सहायता की सख्त ज़रूरत थी, उसने पूर्णत: दयावान और धैर्यवान होना उचित समझा।

ऐसे मौकों पर व्यक्ति को बड़े-बुज़ुर्गों के प्रति दयालुता और धैर्य से पेश आने की ज़रूरत होती है। लेकिन कुछ लोग समझदार होते हैं और कुछ नहीं। फिर भी हर किसी के लिए यह तो संभव है कि वह शांत और धैर्यवान बना रहे। आखिरकार आपका निर्णय ही महत्त्व रखता है।

यदि आप अधीर प्रवृत्ति के व्यक्ति हैं, तो आपको इसकी आदत हो जाने तक बार-बार यह प्रण करना पड़ेगा और अपने-आपको याद दिलाना पड़ेगा कि आपको धैर्यवान बनना है। याद रहे, बुरी आदतें आसानी से नहीं छूटतीं। लेकिन उनसे छुटकारा पाना मुश्किल तो होता है, असंभव नहीं।

आप अपने धैर्यवान होने का अभ्यास अपने किसी शरारती दोस्त, मूर्ख पड़ोसी अथवा सनकी भाई-बहन के साथ अपने व्यवहार से भी कर सकते हैं। और अभ्यास ही व्यक्ति को निपुण बनाता है।

> Try your instincts, and make judgements on what your heart tells you. The heart will not betray you.
>
> अपने सहज ज्ञान को परखें और आपका दिल जो कहे वही निर्णय लें। दिल आपको कभी धोखा नहीं देगा।
>
> —David Gemmell, Fall of Kings
> —डेविड जेमेल, फॉल ऑफ किंग्स

# 4

# केवल परिवर्तन ही स्थायी है

*Change is the law of the universe.*
*You can be a millionaire or a pauper in an instant.*

*परिवर्तन ब्रह्मांड का नियम है।*
*आप पल भर में करोड़पति अथवा कंगाल हो सकते हैं।*

*—Bhagavad Gita*
*—भगवद गीता*

गुलज़ार का लिखा, स्वर्गीय किशोर कुमार का गाया एक सुंदर हिन्दी गीत है, जिसके बोल इस प्रकार हैं, "आने वाला पल, जानेवाला है, हो सके तो इसमें ज़िंदगी बिता दो, पल जो ये जाने वाला है।"

यह गीत हमें जीवन की वास्तविकता समझाता है --- जीवन बहती नदी के समान है जिसमें कुछ भी स्थिर नहीं रहता। समय के साथ सब कुछ बह जाता है। यहाँ तक कि हमारा जीवन भी स्थायी नहीं है। ये तारे, ग्रह और नक्षत्र, सब नश्वर हैं। प्रकृति उन्हें पैदा करती है और वही उन्हें नष्ट भी कर देती है। पेड़ हमेशा नहीं रहते; वे उगते हैं, बढ़ते हैं, फलते-फूलते हैं, और फिर कुछ वर्षों में ही खत्म हो जाते हैं।

और हम चाहते हैं कि मुसीबतों के इलावा हर चीज़ स्थायी रूप से हमारे साथ रहे!

सौभाग्य से, अच्छी और बुरी चीज़ें दोनों ही स्थायी नहीं होतीं। हम चाहते हैं कि कमर का दर्द तुरंत गायब हो जाए लेकिन महँगे इत्र की महक हमेशा बनी रहे। दोनों

बातें संभव नहीं हैं, क्योंकि ये दोनों चीज़ें क्षणिक हैं और समय के साथ नष्ट होने वाली हैं। हमें अच्छी चीज़ें तो बहुत अच्छी लगती हैं लेकिन कुछ भी बुरा हो तो वो अच्छा नहीं लगता। हम कितने स्वार्थी और नीच बन चुके हैं।

विश्व के महान कलाकार चार्ली चैपलिन ने एक बार कहा था, "इस दुनिया में कुछ भी स्थायी नहीं है, आपकी परेशानियाँ भी नहीं।"

हमारी समस्या यह है कि हम चाहते हैं कि जीवन में सब कुछ स्थायी हो, जबकि जीवन तो स्वयं ही स्थायी नहीं है। हम यह भी भूल जाते हैं कि हमारे वश में कुछ भी नहीं है। हम चाहते हैं कि सब कुछ स्थायी हो--- स्थायी सुख, स्थायी धन, भाग्य, जीवन, अच्छा स्वास्थ्य, और यह सूची बढ़ती रहती है। हम कई प्रकार के भ्रमों और मिथ्या विश्वासों के साथ जीते रहते हैं। वास्तव में हम सब मुसाफिर हैं। कोई एक स्टेशन से ट्रेन पर चढ़ता है तो कोई दूसरे स्टेशन पर उतर जाता है।

मुझे याद है जब मैं छोटा था, मैं अपने माता-पिता के किसी अमीर रिश्तेदार के अंतिम संस्कार में गया था। मृतक की पत्नी कह रही थी, "सौ साल का सामान इकट्ठा किया पर कल का पता नहीं।"

## एक राजा और संत की कहानी

ऐसे ही गहन अर्थ वाली एक कहानी में, एक आध्यात्मिक गुरू अर्थात एक संत एक राजा के महल में प्रवेश करता है और शीघ्र ही वहाँ पहुँचने में सफल हो जाता है जहाँ राजा एक सोफ़े में विश्राम कर रहा था।

"तुम्हें क्या चाहिए?" राजा ने आगंतुक को पहचानते हुए पूछा।

"मैं तुम्हारी इस सराय में सोने के लिए थोड़ी जगह चाहता हूँ," संत ने उत्तर दिया।

"लेकिन यह सराय नहीं है। यह मेरा महल है," राजा ने झल्लाते हुए कहा।

"क्या मैं पूछ सकता हूँ कि तुमसे पहले इस महल का मालिक कौन था?"

"मुझसे पहले इस महल के मालिक मेरे पिता थे जो अब नहीं रहे।"

"और उनसे पहले इस महल का मालिक कौन था?" संत ने फिर पूछा।

"उससे पहले मेरे दादाजी इस महल के मालिक थे लेकिन वह भी स्वर्गवास हो चुके हैं," राजा ने उत्तर दिया।

"ओह ! तो इस जगह पर लोग थोड़े समय के लिए रहते हैं और फिर चल देते हैं, और तुमने कहा कि यह सराय नहीं है?" संत ने पूछा।

राजा को बात समझ में आ गई। उसने उसे यह समझाने के लिए कि वह भी एक दिन यहाँ से जाने वाला है, उस संत का धन्यवाद किया। पूरा संसार परिवर्तनकाल की स्थिति में है। वास्तव में, पूरा ब्रह्मांड ही लगातार बदलता रहता है और उसके साथ-साथ हम भी बदल रहे हैं। एक छोटे बच्चे से हम किशोरावस्था में पहुँचते हैं, फिर बालिग, और फिर प्रौढ़, मध्यम आयु के व्यक्ति, और इसी तरह जीवन चलता रहता है।

हमें लगने लगता है कि दुनिया की सारी तकलीफ़ें हमारे लिए ही बनी हैं। आज हम इतने संवेदनशील और भावुक हो चुके हैं कि छोटी-छोटी समस्याएं हमारे जीवन में तनाव पैदा कर देती हैं और हम आत्म-ह्त्या करने तक की बातें सोचने लगते हैं। हम इतने बुज़दिल बन चुके हैं। लेकिन हमें यह नहीं भूलना चाहिए कि जीवन भगवान का दिया हुआ सुंदर उपहार है और इसे इस तरह खत्म करके ईश्वर के उपहार का अनादर नहीं करना चाहिए।

हमें याद रखना चाहिए कि सारी मुसीबतें, सारी परेशानियां, हमें बलशाली बनाने के लिए हमारे जीवन में आती हैं और वे ज़्यादा दिन तक नहीं रहेंगी। वे सब भी गुज़रने वाली हैं।

इसलिए जीवन में कुछ अच्छा हो तो खुशी से छलांगें मत लगाएँ और कुछ गलत हो जाए तो निराशा के अंधकार में मुँह छुपा कर भी मत बैठें। मानसिक संतुलन कायम रखने का यही सबसे अच्छा तरीका है।

### पीड़ा से बचने का तीन-साला टेस्ट

किसी भी अप्रिय स्थिति से निपटने का सबसे अच्छा तरीका यह है कि मानकर चलें कि जो समस्या हमें अब परेशान कर रही है, वह कुछ समय बाद परेशान नहीं करेगी। यह कहा भी गया है कि, "Time is the greatest healer." (समय सब ज़ख़्मों को भर देता है।) इसलिए समय को जाने दें, आपकी मुसीबतें भी चली जाएंगी।

मान लीजिए कि आप अपने मित्र के जन्मदिन की पार्टी में नहीं जा सके। आपको लगता है कि आपकी दुनिया ही खत्म हो गई। आप दिन भर, या शायद, आने वाले कुछ दिनों तक परेशान रहते हैं, तिलमिलाते हैं। या मान लीजिए कि जो कॉमिक्स-बुक आपने पिछले महीने खरीदी थी वह खो जाती है। आप अपने-आपपर चिल्लाते हैं, "मैंने

सावधानी क्यों नहीं बरती?" इस कारण आप ठीक तरह से खाना नहीं खा पाते, सोच नहीं पाते, अपने माँ-बाप तो क्या अपने दोस्त-यारों को भी परेशान कर देते हैं। आप इतने परेशान हो जाते हैं कि अपना स्कूल का असाइनमेंट (दिया गया काम) करना भी भूल जाते हैं।

ऐसी दारुण स्थिति में, मैं कहूँगा कि आप एक कागज लें और उसपर अपनी समस्या लिखें। इस मामले में आप लिखेंगे कि आपकी पसंदीदा कॉमिक्स-बुक खो गई है। उसके बाद आप लिखें कि तीन वर्ष बाद आपके लिए इस बात का क्या महत्त्व होगा? आपको हँसी आएगी क्योंकि तीन साल तो दूर, आप तो इस बात को एक-आध सप्ताह में ही भुला चुके होंगे। इसीलिए कहते हैं कि, "Don't cry over the spilt milk" (गिरे दूध पर मत रोएँ) "जो हो गया सो हो गया"। उसे अपने दिलो-दिमाग से निकाल दें, अपने-आपको क्षमा करें और आगे बढ़ें।

As we know, forgiveness of oneself is the hardest of all the forgiveness.

जैसा कि हम जानते हैं, स्वयं को क्षमा करना सबसे कठिन क्षमा है।

— Joan Baez
— जोअन बेज़

नकारात्मक स्थिति का सामना करने के लिए पर्याप्त ऊर्जा जुटाने का एक और उपाय यह है कि आप मानकर चलें कि ईश्वर हमेशा आपके साथ है और हर विपरीत परिस्थिति में वह निश्चित रूप से आपकी रक्षा करेगा --- इससे आपको दुनिया की हर मुसीबत का सामना करने की मानसिक शक्ति मिलेगी।

Mistakes are always forgivable, if one has the courage to admit them

गल्तियों को हमेशा माफ किया जा सकता है यदि आप में उन्हें स्वीकारने का साहस हो तो।

— Bruce Lee
— ब्रूस ली

**जीवन खुद एक समझौता है— यह जीवन का अंग है**

याद रखें, जिन्हें आप बदल नहीं सकते उन चीजों के साथ समझौता कर लेना ही बेहतर होता है, बजाए इसके कि आप कुढ़ते रहें और अपना नुकसान करते रहें।

> You may either win your peace or buy it; win it, by resistance to evil; buy it by compromise with evil." (आप या तो जीत कर शांति प्राप्त कर सकते हैं या खरीद कर; जीतना हो तो बुराइयों के प्रतिरोध से जीतें: खरीदना हो तो बुराइयों से समझौता कर खरीदें।)
>
> I shall argue that strong men, conversely, know when to compromise and that all principles can be compromised to serve a greater principle.
>
> "मेरा तर्क होगा कि शक्तिशाली लोगों को यह पता होता है कि समझौता कब किया जाए और यह भी कि किसी बड़े सिद्धान्त के लिए छोटे-मोटे सब सिद्धांतों से समझौता किया जा सकता है।"
>
> — Dale Carnegie
> — डेल कार्नेगी

# 5
# आंकड़े हमें कुचल सकते हैं — गिनना बंद करें

*Not everything that counts can be counted and not everything that can be counted counts.*

*हर चीज जो मायने रखती है उसे गिना नहीं जा सकता और हर वह चीज़ जिसे गिना जा सकता है, मायने नहीं रखती।*

*— Albert Einstein*
*— एल्बर्ट आइंस्टाइन*

**गिनना छोड़ें, जीना शुरू करें**

जी हाँ, आंकड़े हमारी खुशियों में गड़बड़ पैदा करते हैं। कई बार तो उनका कुछ महत्त्व भी नहीं होता। फिर भी, हम आंकड़ों और मापों में उलझे रहते हैं। मुझे भी हर चीज़ गिनने की बुरी लत है, लेकिन अब जब मैं यह अध्याय लिख रहा हूँ, मुझे लगता है कि मुझे आंकड़ों से छुटकारा पा लेना चाहिए।

देखते हैं... कैसे। आपके फोन में कितने 'फ़ीचर्स' (विशेष लक्षण) हैं ? क्या इससे कोई फर्क पड़ता है? आपके पास 131 फ़ीचर्स वाला नवीनतम फोन हो सकता है, जिसके लिए आपने अच्छी-ख़ासी रकम खर्च की है। लेकिन उन 131 फीचर्ज़ में शायद से केवल पाँच ही आपके प्रयोग में आते हों। इस बात की सचाई को परखते हैं। आपके पड़ोसी की कार आपकी कार से चौदह इंच लंबी है। क्या इससे कोई फर्क पड़ता है ?

बल्कि उसे कार पार्क करने में समस्या भी आ रही होगी और शायद उसने आपकी कार से पाँच-छ लाख रुपए अधिक भी खर्चे होंगे । पर आप वही कार खरीदने के लिए उतावले हो रहे हैं। क्या यह पागलपन नहीं है ?

मैंने नवीनतम मर्सेडीज़ बेंज़ खरीदी और मुझे उसके फ़ीचर्स समझने में दो सप्ताह लग गए। फिर भी मैं उनमें से अधिकांश का तो प्रयोग ही नहीं कर पाता।

आपके बैंक एकाउंट में पांच करोड़ रुपये हैं या पांच सौ करोड़, आपका जीवन एक जैसा ही होगा। वैसे भी आप अच्छा जीवन जी सकते हैं, तो चिंता किस बात की ? कारों का एक विज्ञापन कहता है, "यह कार 0 से 100 कि मी / घंटा की गति केवल छह सेकंड में प्राप्त कर सकती है!" क्या आपको उतनी तेज गति से गाड़ी चलानी है? क्या आपको वाक़ई ऐसी जल्दी है ? वास्तव में, आपको इस प्रकार की 'एक्सलरेशन' (त्वरण / गति उत्थान) की कभी ज़रूरत ही नहीं पड़ेगी, सिवाय उस वक़्त के जब जंगल में कोई चीता ही आपकी जान के पीछे पड़ जाए। इसलिए आंकड़ों को गिनना छोड़ें और जीना शुरू करें।

**इस कथन को देखें:**

आज मैं इक्कीस वर्ष, दस महीने, सात दिन का हो गया हूँ और इसका 38 प्रतिशत समय मैंने केवल यह कहते हुए गंवाया है कि मैं बहुत थक चुका हूँ। मैंने 566 बार 'ट्वीट' किया है और मुझे सत्ताईस 'लाइक्स' (अनुमोदन) मिले हैं। 'ट्विटर एकाउंट' पर मेरे एक हजार पांच सौ से अधिक 'फॉलोअर्स' (अनुयायी) हैं। 'फेसबुक एकाउंट' पर मेरे 4567 'फ्रेंड्स' (मित्र) हैं। मेरी फोन-'डायरेक्ट्री' में 1,256 से अधिक नंबर हैं, स्कूल में मेरे चौबीस अच्छे दोस्त हैं और मेरे पास 500 cc के इंजन वाला मोटर-साइकिल है। मुझे लगता है कि मैंने तीन साल तीन महीने बीस दिन कुछ भी नहीं करते हुए बर्बाद कर दिए हैं।

किस गधे को इन आंकड़ों में दिलचस्पी होगी? क्या आपको है? मुझे तो बिल्कुल नहीं है। लेकिन यही आंकड़े हमारे जीवन में बुरी तरह से घुस चुके हैं, हमारे दिलो-दिमाग पर छा चुके हैं --- बैंक बेलेन्स से 'क्रेडिट कार्ड्स' की 'लिमिट' से लेकर आपके पास कितने कार्ड हैं; फेसबुक पर आपके कितने दोस्त हैं; आपके घर का 'फ्लोर एरिया' कितना है; बगीचे का 'साइज़' क्या है; आपको जानने वाले पड़ोसियों की संख्या कितनी है; आपके जन्मदिन की पार्टी में कितने लोग आए; आपको कितने तोहफे मिले; उत्सुकता की सूची कभी समाप्त नहीं होती! हम केवल गिनते रह जाते हैं .... केवल गिनते। और संख्या के पीछे दौड़ते-दौड़ते हम चीजों की 'क्वालिटी' (गुणवत्ता) की भी उपेक्षा करने लगते हैं।

और इन सबके लिए हम रातों की नींद गंवा बैठते हैं। हम 'ट्विटर' और 'इंस्टाग्राम' पर और अधिक 'फ्रेंड्स' बनाने के लिए बेचैन रहते हैं, अपने दोस्तों की संख्या, हर विषय में प्राप्त किए गए अंक, स्कूल में ज़्यादा दोस्त, घर में ज़्यादा 'कोमिक्स' इन सब बेकार चीजों के लिए दिन-रात बेचैन रहने लगते हैं....।

मुझे याद है जब हमने 'डिजिटल ट्रांसमिशन' (अंकीय प्रसारण) का उपयोग करना शुरू किया था, हमारे पास 2400 'बिट्स' प्रति सेकंड की गति से चलने वाले 'नोकिया मोडेम' हुआ करते थे, और पुराने 'टेलेक्स सिस्टम' और 50 बिट्स प्रति सेकंड के 'टेलीप्रिंटर' की तुलना में, यह बहुत बड़ी प्रगति की बात थी। 50 के मुक़ाबले 2400 की गति, 48 गुना की बढ़ौतरी थी। आज हमारे पास 'मेगाबिट्स प्रति सेकंड' और 'टेराबिट्स प्रति सेकंड' वाले तंत्र हैं, फिर भी हमें अधिक गति की लालसा है। क्योंकि हम हर चीज़ तेज़ से और तेज़, स्पष्ट से और स्पष्ट, बड़ी से और बड़ी, प्रवीण से और प्रवीण बनाना चाहते हैं।

हम बुरी तरह से "दिल मांगे मोर" सिंड्रोम (लक्षण) का शिकार हो चुके हैं। यह एक 'इंपेशेंस सिंड्रोम' यानि अत्यधिक अधीरता का सूचक है। और अपने लिए यह स्थिति हमने खुद ही पैदा की है।

पिझा तीस मिनट में आना चाहिए, नहीं तो हम उसका दाम नहीं देंगे। तो फिर पच्चीस मिनट में क्यों नहीं? और उसके बाद पंद्रह मिनट में क्यों नहीं? या फिर अभी, इसी मिनट क्यों नहीं ? 'इंस्टेंट (तात्कालिक) कॉफी', 'दो मिनट में नूडल्स', 'हीट एंड ईट' (गर्म करो और खाओ) हमारी पसंदीदा अभिव्यक्तियाँ बन चुकी हैं..... जो केवल ये दर्शाती हैं कि 'मार्केटिंग स्ट्रेटेजिस्ट्स' (बाज़ार के रणनीतिकार) हमारी अधीर प्रवृत्तियों और बदलती हुई मानसिकताओं से कैसे खिलवाड़ कर रहे हैं, कैसे हमारी कमजोरियों का पूरा-पूरा फायदा उठा रहे हैं। 'दो सप्ताह में वजन कम करें, थोड़े अधिक मूल्य पर केवल पाँच दिन में'; 'केवल तीस दिन में धारा प्रवाही अंग्रेजी अथवा स्पेनिश बोलना सीखें'', 'तीन की बजाए दो साल में ग्रेजुएट बनें' ! 'एक खरीदें, दो मुफ्त पाएँ'।

We do not want to count, we want to think the count

हम गिनना नहीं चाहते; हम गिनती को सोचना चाहते हैं।

— Alain Badiou
— एलेन बदीउ

## मार्केटिंग पागलपन वास्तव में सार्वजनिक पागलपन है

अधिकांश 'फिटनेस' (स्वास्थ्य) गुरु आपको बताते हैं कि दिन में 10,000 कदम चलना चाहिए — जी हाँ, दस हजार कदम ! आंकड़ा अच्छा लगता है --- दस हज़ार। लेकिन क्या आप जानते हैं कि 10,000 ही क्यों? तो दिल थामकर सुनें।

इसकी शुरुआत 'यामासा क्लॉक' नाम की एक जापानी कंपनी ने की थी। डिवाइस (यंत्र) का नाम 'मेपो-की' रखा गया था, जिसका जापानी में अर्थ है "10,000 कदम का मीटर"। यह विपणन / बिकवाली के लिए उत्तम नौटंकी थी। किसी ने इस पर प्रश्न नहीं उठाए, और सभी गुरु और विशेषज्ञ कहने लगे कि यही सबसे अच्छा लक्ष्य है ! क्या आप इस बात पर विश्वास कर सकते हैं? क्या यह केवल एक 'हर्ड मेंटेलिटी' (झुंड की मानसिकता) वाली बात नहीं है? नहीं तो फिर और क्या है ?

हार्वर्ड मेडिकल स्कूल की एक नवीनतम शोध ने बताया है कि दिन में 4,400 कदम चलना भी बहुत अच्छा होता है और 7,500 से अधिक कदम चलने का तो कोई अतिरिक्त लाभ ही नहीं है। इसलिए हमारा अधिकतम लक्ष्य 7,500 कदम प्रति दिन होना चाहिए और मात्र 4,400 कदम भी हमारे लिए उतने ही लाभ-प्रद हो सकते हैं। यदि आप 10,000 कदम प्रति दिन चलते हैं, और आप सप्ताह में केवल चार दिन ही चलते हैं, तो यह साल में 208 दिन बनाता है, जिसे 2,500 प्रति दिन के हिसाब से चले गए अतिरिक्त कदमों की संख्या से गुना करें तो, हम देखते हैं कि हम एक साल में 5,20,000 अतिरिक्त कदम चले जिसकी, वास्तव में, कोई आवश्यकता ही नहीं थी और जिसका हमें कोई अतिरिक्त लाभ भी नहीं हुआ। इसलिए अपने लक्ष्य तय करने से पहले अच्छी तरह से सोच-विचार कर लेना बहुत आवश्यक है।

## हम निर्धारणों पर अटक जाते हैं

लक्ष्य निर्धारित कर हम स्वयं ही अपने जीवन को दयनीय बना लेते हैं। और हम इन लक्ष्यों को कैसे प्राप्त करते हैं वह कोई मजेदार बात नहीं है।

मैं आज 80 किलो का हूँ, और मुझे अगले तीन महीनों में 65 किलो का बनना है। अर्थात महीने में 5 किलो वजन घटाना है। यह लक्ष्य कैसे निर्धारित किया गया? और यह भी कि केवल तीन महीने में पूरा होना चाहिए....? कृपया बताएँ, कि यह कहाँ से और कैसे आया ? चार महीनों में 10 किलो क्यों नहीं सोचा गया? क्योंकि यह एक 'फिक्सेटिड ओब्सेशन' यानि तय-शुदा-जुनून है, जिसे हासिल न किया गया तो निराशा और परेशानी हो सकती है, और इसे हासिल करने के लिए आप बेचैन, या दूसरे शब्दों में कहें तो, अधीर रहने लगते हैं। यह खुद ही मोल ली गई मुसीबत है।

इंस्टाग्राम पर मेरे 1,50,000 'फॉलोअर्स' होने चाहिएँ। मेरी वेबसाइट पर 10,00,000 विज़िटर (परिदर्शक) होने चाहिएँ और ई-मेल पर मेरे 20,000 'सब्सक्राइबर' (अभिदाता)

होने चाहिएँ। मुझे अगले तीन वर्ष में दस मिलियन डॉलर के मूल्यांकन की कंपनी खड़ी करनी है। किसने कहा है और क्यों...?

फिर भी हम आंकड़ों को पूरी तरह से नकार नहीं सकते क्योंकि इनसे ही हमें 'क्वांटिफिकेशन' यानि परिमाणन का अनुमान लगाने में मदद मिलती है। मैं यह नहीं कह रहा कि आप आंकड़ों की पूरी तरह से अवहेलना करें। लेकिन यथार्थ के दायरे में रहें, ऐसे अंक बिलकुल निर्धारित न करें, जो तर्कसंगत और व्यवहारिक न हों।

मैं गोल्फ खेलना शुरू करता हूँ और मैं एक ही वर्ष में 'ज़ीरो हैंडीकैप' (शून्य अक्षमता) प्राप्त करना चाहता हूँ। यह अवास्तविक लक्ष्य है। ऐसी धारणाओं से गोल्फ-कोर्स पर आप अपना जीवन दयनीय बना लेंगे। इसलिए चीजों के पीछे दौड़ना छोड़ें और जीना शुरू करें। स्कोर गिनना बंद करें। खेल खेलें और उसका पूरा मज़ा लें। जीवन भी एक खेल है; इसे खेलें और इसका आनंद उठाएँ। अंकों और लक्ष्यों के चक्कर में अपनी खुशियों को बली मत चढ़ने दें।

> I can calculate everything but not the moments in a second
>
> मैं हर चीज़ का हिसाब रख सकता हूँ, लेकिन एक सेकंड में कितने पल हैं उनका नहीं।
>
> — Khalid Masood
> — खालिद मसूद

**शायद आंकड़ों का कोई महत्व ही न हो**

*मछली पकाना और एक पर्यटक:* समुद्र तट पर एक पेड़ के नीचे एक व्यक्ति दो 'पोम्फ्रेट' मछलियाँ पका रहा था। 'रोलेक्स' घड़ी पहने एक अमीर अमेरिकी व्यक्ति उसके पास से गुजरा और उससे पूछने लगा, "इतने बड़े समुद्र में से तुमने केवल दो मछलियाँ ही क्यों पकड़ीं?"

उस व्यक्ति ने उत्तर दिया, "तो मैं और क्या करता ?"

अमीर व्यक्ति ने कहा, "नाव लेकर गहरे समुद्र में जाते और हज़ार मछलियाँ पकड़ कर लाते।"

उस व्यक्ति ने पूछा, "इतनी मछलियों का मैं क्या करता ?"

अमेरिकी व्यक्ति ने कहा, "998 को बेचते और दो को पकाकर खाते।"

"फिर क्या ?"

"फिर बड़ी नाव खरीदते, टनों मछलियाँ पकड़ते, उन्हे बेचकर 5000 डॉलर और कमाते।"

"और फिर क्या ?" मछलियाँ पकाते हुए व्यक्ति ने पूछा।

"फिर तुम ट्रॉलरों का पूरा बेड़ा खरीदते और एक-एक दिन में 10,000 डॉलर तक कमाने लगते।"

"मैं एक-एक दिन में 10,000 डॉलर का क्या करता ?"

"जो भी करना चाहते। वैसे तुम्हें क्या करना सबसे अच्छा लगता है ?" अमेरिकी व्यक्ति ने पूछा।

"मुझे समुद्र तट पर रोज़ दो मछलियाँ पकाना अच्छा लगता है," मछलियाँ पकाने में व्यस्त व्यक्ति ने कहा।

महंगी घड़ी वाला अमेरिकी व्यक्ति चुप हो गया।

यदि आप दो मछलियाँ पकड़ने में ही खुश हैं तो आपको टनों मछलियाँ किस लिए चाहिएँ ? आपके लक्ष्य जरूरतों पर आधारित होने चाहिएँ न कि लालची प्रवृत्तियों पर।

कहानी का नैतिक सार यह है कि हमें वही काम करना चाहिए जो ज़रूरी हो, न कि वह जो दूसरों द्वारा निर्धारित किए गए लक्ष्यों के अनुसार हो।

क्या आपने शादियों में लोगों को देखा है जहाँ खाने की अनेक चीज़ें उपलब्ध होती हैं ? लोग अपनी प्लेटें मुँह तक यूँ भर लेते हैं जैसे कि उसके बाद फिर कभी खाने को मिलेगा ही नहीं। फिर वे उसे खा नहीं पाते और कूड़ेदानों में फेंकते हैं। यह क्या है --- ज़रूरत या लालच? यह तो निश्चित रूप से लालच ही है। ऐसा कभी न करें। ज़रूरत हो तो दोबारा ले लें।

Magic is sudden opening of the mind to the wonder of existence. It is a sense that there is much more to life than we usually recognize; that we do not have to be confined by the limited views that our family, our society, or our own habitual thoughts impose on us; that life contains many dimensions, depths, textures, and meanings extending far beyond our familiar beliefs and concepts.

अस्तित्व के चमत्कार के प्रति हमारे मन के अचानक खुल जाने का नाम ही जादू है। यह इस बात का एहसास भी है, कि आम तौर पर हमें जो दिखता है या जिसे हम जानने-पहचानने लगते हैं, उसके अलावा भी जीवन में बहुत कुछ होता है; कि हमें केवल उन विचारों अथवा धारणाओं तक ही सीमित रहने की आवश्यकता नहीं होती जो हमारे परिवार, समाज, या हमारी अपनी रोज़मर्रा की सोच द्वारा हम पर थोपे गए हों; कि जीवन के बहुत सारे आयाम हैं, गहराइयाँ हैं, ताने-बाने हैं, और अर्थ हैं जो हमारी सुपरिचित मान्यताओं और अवधारणाओं की पकड़ से कहीं परे हैं।

— John Welwood
— जॉन वेलवुड

# 6

# अपनी आवश्यकताओं की प्राथमिकता निर्धारित करें

*Slow Down a Bit – Imagine Life is a Line and You are Walking on it*

*गति थोड़ी धीमी करें — सोचें कि जीवन एक रेखा है और आप उस पर चल रहे हैं*

*There Is more to life than increasing its speed*

*जीवन में उसकी गति बढ़ाने के इलावा और भी कुछ है।*

*— Mahatma Gandhi*
*— महात्मा गांधी*

**हमें केवल एक ही जीवन मिलता है**

जीवन एक रेखा है जिस पर हमें आदि से अंत तक चलना होता है। यदि हम बहुत तेज चलेंगे तो इसे शीघ्र पार कर लेंगे; और यदि हम धीमी गति से लेकिन मजबूती से और खुशी से चलेंगे तो हम लंबे समय तक जिएंगे।

कोई काम पूरा न हो तो हम अधीर हो उठते हैं, खासकर घर अथवा स्कूल का वह काम जो हमें ही पूरा करना होता है। इसलिए, जीवन ठीक से जियेँ, ताकि रेखा के अंत

तक पहुँचें तो आपके मन में किसी प्रकार का खेद न हो। यही रेखा आपकी जीवन-रेखा है।

हम पर हमारे काम का दबाव बहुत बढ़ने लगता है तो हम धैर्य खोकर हताश होने लगते हैं। इसका प्रमुख कारण होता है कि हम में से अधिकांश लोग, हाँ हम में से अधिकांश लोग, पूरी तरह से व्यवस्थित नहीं होते।

इसका एक कारण यह भी होता है कि हम अपनी प्राथमिकताओं का ठीक से हिसाब नहीं रखते। हमारे पास एक दिन में करने वाले दस-बीस काम हो सकते हैं; उनमें से कुछ महत्त्वपूर्ण होंगे, कुछ और भी महत्त्वपूर्ण और कुछ कम महत्त्वपूर्ण। इस बात को समझने के लिए किसी 'कॉस्मिक साइंस' (ब्रह्मांडीय विज्ञान) की आवश्यकता नहीं है, हालांकि 'कॉमन सैन्स' (सामान्य ज्ञान) की आवश्यकता है जो 'रॉकेट साइंस' से कुछ अधिक जटिल होती है।

*मल्टीटास्किंग (बहुकार्यन) एक मिथक है:* आप कंप्यूटर की तरह 'पैरेलेल प्रोसेसिंग' यानि एक ही समय में कई कार्य सम्पन्न नहीं कर सकते। आपका दिमाग एक मानव का दिमाग है जो एक समय में एक ही काम संभालने के लिए 'डिज़ाइन' किया गया है जबकि कंप्यूटर कंप्यूटर होता है।

जब हम 'मल्टीटास्किंग' की बात करते हैं तो उसका मतलब होता है कि हम विविध प्रकार के कार्य कर सकते हैं, लेकिन एक साथ नहीं। आम तौर पर माना जाता है कि 'मल्टीटास्किंग' में महिलाएं पुरुषों से अधिक निपुण होती हैं। जैसे कि एक माँ खाना बना सकती है, बच्चे को नहला सकती है, शाम की पार्टी की व्यवस्था पर नज़र रख सकती है, और किसी MNC (बहुराष्ट्रीय कंपनी) के लिए घर से ही काम भी कर सकती हैं। लेकिन यह सब क्या एक साथ होता है ? नहीं, बिलकुल नहीं। तो एक-एक करके ? हाँ, अवश्य।

तो एक बात तो स्पष्ट होनी चाहिए कि हम इंसान हैं कोई सुपर-मैन या सुपर-वोमैन नहीं हैं। और हम ऐसा बनने की कोशिश करेंगे तो हम अभिभूत, थके -हारे, चिड़चिड़े और अंतत: अधीर महसूस करने लगेंगे।

हम सब की एक 'केपेसिटी कैप' यानि क्षमता-सीमा होती है। यानि हम कोई काम किसी एक हद तक कर सकते हैं, और केवल उसी हद तक। प्रकृति ने भी अपने लिए कई सीमाएँ निर्धारित कर रखी हैं। उदाहरण के तौर पर, तापमान -273 डिग्री सेल्सियस, यानि 'एब्सोल्यूट ज़ीरो' से नीचे नहीं जा सकता। आप आठ सेकंड में 100 मीटर नहीं दौड़ सकते। दुनिया में कोई भी चीज़ प्रकाश की गति से तेज़ नहीं चल सकती। इसलिए हमें भी अपनी सीमाएँ समझनी चाहिएँ और उनका सम्मान करना चाहिए।

इसलिए हम जो भी योजना बनाएँ, वह वास्तविक, व्यवहारिक और हो-सकने-लायक होनी चाहिए। अर्थात दो बातें बहुत महत्वपूर्ण हैं: पहली, हमारी योजना

व्यवहारिक होनी चाहिए; और दूसरी, वह सरल होनी चाहिए --- जितनी सरल हो उतना अच्छा। इस बात के लिए अँग्रेज़ी भाषा में एक शब्द का प्रयोग किया जाता है ---- 'किस्स', 'कीप इट सिंपल स्टुपिड', अर्थात हम जो भी करें वह सरल और सादा होना चाहिए। अपनी बात को सरल बनाने के लिए मैं भी इसी शब्द का प्रयोग करना चाहूँगा।

> Sometimes I think there are only two instructions we need to follow to develop and deepen our spiritual life: slow down and let go.
>
> कभी-कभी मुझे लगता है कि आध्यात्मिक जीवन को विकसित करने और उसे प्रौढ़ता प्रदान करने के लिए हमें दो बातों का ध्यान रखना चाहिए: गति कम रखें और चिंता करना छोड़ दें।
>
> — Oriah Mountain Dreamer
> — ओरियाह माउंटेन ड्रीमर

**अपने 'वर्क टेम्पलेट' (कार्य-साँचे) की प्राथमिकताएँ निर्धारित करें**

मेरा सुझाव होगा कि आप भी वही करें जो मैं अधिक दबाव और व्यस्तता वाली नौकरियों में करता आया हूँ। मैं आज भी वही करता हूँ हालांकि एक पेशेवर लेखक होने के नाते मैं अपने तरीके से काम कर सकता हूँ। लेकिन आदतें तो मुश्किल से जाती हैं। याद रहे, आपकी कार्यशैली आपकी आदत बननी चाहिए नहीं तो कुछ फायदा नहीं।

मैं हमेशा अपनी दिन-चर्या बनाने के लिए उसी पुरानी डायरी और पेन / पेंसिल का प्रयोग करता हूँ। यह काम मैं एक दिन पहले कर लेता हूँ, और जैसे ही मुझे नई 'इनपुट्स' (निविष्टियाँ) प्राप्त होती हैं, मैं उन्हें अपनी कार्य-सूची में जोड़ता रहता हूँ। मैं 'फैंसी इलेक्ट्रॉनिक नोटबुक', महंगे टेलीफोन-सेट अथवा 'ओर्गेनाइजर्स' का इस्तेमाल नहीं करता। मुझे लगता है कि उनके बगैर भी काम चल सकता है और मैं कई दशकों तक, एक दफ्तर से दूसरे दफ्तर में काम करते हुए, चलाता भी रहा हूँ। इन उपकरणों के साथ मेरी दिक्कत यह है कि जब भी कोई बात मेरे मन में आती है, मुझे उसको तुरंत नोट करना होता है। और जब तक ये उपकरण रेडी होते हैं मैं बात भूल जाता हूँ। डायरी और पेन अधिक तेज़ी से काम करते हैं। रेस्तरां का कोई नैपकिन या 'टॉयलेट-पेपर' भी

इस्तेमाल किया जा सकता है लेकिन वह शीघ्र मिलना चाहिए ताकि काम हो जाए। उसे जल्द-से-जल्द नोट करने के बाद मैं उसे अपनी ऑफिस डायरी में दर्ज करता हूँ। मुझे सरल, लाइनों-वाली, बिना तारीखों की डायरियां अच्छी लगती हैं क्योंकि उनमें मैं अपने हिसाब से तारीख दर्ज कर सकता हूँ।

एक बार, मान लीजिए पंद्रह कार्यों की सूची मेरी डायरी के पन्ने पर तैयार हो जाती है, तो मैं पन्ने के ऊपरी भाग में उस दिन की तारीख दर्ज करता हूँ और फिर इस बात पर ध्यान देता हूँ कि उन पंद्रह में से कौन से कार्य अधिक महत्वपूर्ण हैं। प्राथमिकताएँ निर्धारित करना आसान नहीं होता, बल्कि सबसे कठिन कार्य होता है। इसमें हमारी समझ काम आती है। सब से अधिक प्राथमिकता वाले कार्यों को मैं पी-1, उससे कम वालों को पी-2 और शेष कार्यों को पी-3 की श्रेणी में रख लेता हूँ। कई लोग पाँच प्राथमिकताओं का सुझाव देते हैं: जैसे कि ए, बी, सी, डी, और ई—लेकिन यदि आप अपने काम को अच्छी तरह समझते हैं, तो तीन प्राथमिकताएँ भी बहुत हैं। प्राथमिकताओं की समझ आपको 'रिएक्टिव' (प्रतिक्रियाशीलता) से 'प्रोएक्टिव' (सक्रियता) की ओर जाने में मदद करती है। मेरी प्राथमिकताएँ 'फर्स्ट-थिंग्स-फर्स्ट' यानि 'पहला काम पहले' के सिद्धांत पर टिकी होती हैं।

स्वर्गीय Lee Iacocca (ली इयाकोका) ने अपनी पुस्तक में लिखा है, "If a CEO cannot make his turnaround plan for a sick company he takes over in one page --- yes, one page --- then he needs to be fired!" (यदि कोई मुख्य अधिशासी अधिकारी, उसे सौंपी गई किसी बीमार कंपनी के पुनरोत्थान के लिए अपनी योजना एक पृष्ठ—केवल एक पृष्ठ—पर नहीं बना सकता तो उसे कंपनी में रहने का कोई हक़ नहीं है।) मैं उसके विचार से पूरी तरह सहमत हूँ। यदि आपकी योजना बीस पृष्ठों में फैली हुई है तो शायद आप स्वयं नहीं जानते कि आप क्या कर रहे हैं।

इसलिए दोस्तो, मैं एक बार फिर कहता हूँ कि इसे सरल रखें। और यह अवश्य परिणाम दिखाएगी। आप जो काम कर रहे हैं उससे अभिभूत होने की कोई आवशयकता नहीं है।

## बकाया कार्यों का विवरण

एक बार मेरा दिन शुरू होता है, तो मैं P-1 श्रेणी के कार्यों को एक-एक करके हाथ में लेता हूँ और उनके पूरे होने पर उन्हें सूची में से काटता रहता हूँ। दिन खत्म होते-होते मेरा पन्ना अस्त-व्यस्त लगने लगता है लेकिन पी-1, पी-2 व पी-3 के तहत नोट किए गए लगभग सभी कार्य पूर्ण होकर काटे जा चुके होते हैं। वाह ! इससे अच्छा और क्या हो सकता है। लेकिन यह हर दिन नहीं होता। अधिकांश दिनों में, ऐसे कई कार्य होते हैं जो

पूरे नहीं हो पाते। मैं उन्हें दायरे में मार्क कर लेता हूँ और कहता हूँ, "तुम्हें मैं कल पूरा करूंगा।" फिर बड़े धैर्य से मैं ऐसे कार्यों को अगले दिन की सूची पर 'बकाया कार्यों' के नीचे दर्ज कर लेता हूँ। यदि ऐसे तीन कार्य अगले दिन की सूची पर जाते हैं तो इसका मतलब यह होता है कि मैंने दर्जन-भर कार्य पूरे कर लिए। इससे बड़ी कामयाबी का एहसास होता है और अस्त-व्यस्त पन्ना मेरे लिए 'मोराल-बूस्टर', यानि मनोबल बढ़ाने का साधन बन जाता है। जो कार्य हो चुके होते हैं मैं उनपर ध्यान देता हूँ, जो नहीं हो सके उनकी परवाह नहीं करता। मैं अपने बॉस को अंतरिम रिपोर्ट प्रस्तुत करता हूँ और बताता हूँ कि बचे हुए तीन कार्य दूसरे दिन सबसे पहले पूरे किए जाएंगे। मैं उसे उन कार्यों के पूर्ण न हो सकने का कारण भी बताता हूँ। कितना सरल है ! मैं आपको बताऊँ कि यह तरीका इतना बढ़िया काम करता है कि सब खुश रहते हैं। आपको भी अपने कार्यों को अपनी टीम को सौंप कर धैर्यपूर्वक आगे बढ़ना चाहिए।

**एक दिन के काम में**

काम पर 'टेक्टिकली सेल्फ़िश' यानि 'रणनीति के लिए स्वार्थी' होना सीखें, 'ना' कहना सीखें और हर किसी को खुश रखने का प्रयास बिलकुल न करें।

जब आप कुशलता से अपने कार्य सम्पन्न कर रहे होंगे तो आपके सामने कई गति-अवरोधक भी आ खड़े होंगे जो देखने में महत्वपूर्ण भी लगेंगे। यह प्राय: कई प्रकार के बाहरी कारकों द्वारा पैदा किए गए होंगे, जैसे कि आपके सहकर्मी, अधीनस्थ लोग या कोई और। लेकिन इन चीजों की परवाह किए बिना आपको अपना ध्यान उस सीधी रेखा पर केन्द्रित रखना है जिसे आपने अपने दिन भर के कार्यों के लिए खींचा है। आपके लिए पी-1 से पी-3 की श्रेणियों में दर्ज किए गए वे पंद्रह कार्य ही महत्व रखते हैं। वही आपके 'की रिज़ल्ट एरियाज़' (KRA) यानि मुख्य परिणाम क्षेत्र हैं। अपनी एकाग्रता और मेहनत को इन बाहरी मंद कपटों व बम्परों की वजह से पटरी पर से मत उतरने दें। तभी आप धैर्यपूर्वक और उत्पादक रूप से काम कर पाएंगे। याद रहे कि इन रुकावटों को रोक पाना संभव नहीं है लेकिन यह संभव है कि आप इन रुकावटों से बाधित न हों और उन्हें नज़र-अंदाज़ करते चलें।

अधिक उत्पादक होने का सबसे बढ़िया तरीका यह है कि आप अपना काम पूरी लगन से करें। जब आप कोई काम कर रहे हों तो उसे आपका शत-प्रतिशत मिलना चाहिए। उसमें कोई 'शॉर्टकट', रुकावटें अथवा समझौते नहीं होने चाहिएँ। आपका हर निशाना आपका सर्वश्रेष्ठ 'शॉट' (निशाना) होना चाहिए।

The best way to avoid getting overwhelmed by your to-do list is to focus your entire energy on the task at hand.

अपनी कार्य-सूची से अभिभूत होने से बचने का सबसे अच्छा तरीका यह है कि अपनी सारी ऊर्जा उस काम पर केन्द्रित कर दें जो आप कर रहे हों।

— Nico Prins
— निको प्रिन्स

## प्रतिनिधिकरण और 'सिस्टम' (व्यवस्था-प्रणाली) का उपयोग

संस्थाओं की संरचना विशेष उद्देश्य से ही की जाती है और सब की भूमिकाएँ व जिम्मेदारियां अच्छी तरह परिभाषित होती हैं। उनका पूरा उपयोग करें। उदाहरण के लिए, यदि आपको कंपनी के काम से कहीं बाहर जाना है, तो प्रशासन विभाग को आपकी यात्रा और ठहरने की व्यवस्था करने दें। उसके लिए आपकी ओर से एक इ-मेल, टिपन्नी अथवा इंटरकॉम पर संक्षिप्त बातचीत ही काफी होनी चाहिए। चाहे आप ऐसी व्यवस्था करने में सक्षम भी हों, तो भी इसे स्वयं करके 'स्मार्ट' (होशियार) बनने की कोशिश न करें। दूसरों का काम अपने सिर लेना 'स्मार्टनेस' नहीं, मूर्खता है। सब को उन के काम के लिए वेतन मिलता है, आपको अपने काम के लिए। इसलिए अपना काम करें और दूसरों को उनका काम करने दें।

## जुगाली करना

जापानियों के बारे में कहा जाता है कि वे योजनाएँ समझदारी से और समय लगाकर बनाते हैं ताकि उनका निष्पादन शीघ्र और आसानी से किया जा सके। सही प्रतिशत शायद न भी उपलब्ध हों या फिर भिन्न-भिन्न योजनाओं के लिए भिन्न-भिन्न भी हों, लेकिन किसी भी योजना पर काम शुरू करने से पहले उस पर पूरी कर्मठता बरती जाती है, सब विकल्पों पर विचार-विमर्श किया जाता है, उचित 'एग्ज़िक्यूशन प्लैन' (निष्पादन योजना) और उसे कार्यान्वित करने वाली टोलियाँ बनाई जाती हैं, और फिर शृंखला में अंतिम व्यक्ति तक को योजना के बारे में पूरी जानकारी दी जाती है। यदि आपकी आपूर्ति रसद सही होगी और काम करने वाले लोग पूरी तरह से तैयार होंगे तो काम के दौरान कोई समस्या नहीं आएगी और कार्य योजना-अनुसार पूरा होगा। कोई हताशा, कोई बेचैनी नहीं होगी क्योंकि सब काम घड़ी की सूइयों जैसी सटीकता से चल रहे होंगे।

मैं एक तकनीक का प्रयोग करता हूँ जिसे मैं "जुगाली करना" कहता हूँ। यह किताबों की संरचना में भी काम आती है। एक बार मेरे दिमाग में कोई विचार आ जाए है तो मैं चौबीसों घंटे उसके बारे में सोचता रहता हूँ। उसके साथ सोता हूँ, उसके साथ

चलता हूँ, उसके साथ खाता हूँ, और कई बार तो वह विचार मेरा जुनून बन जाता है। मैं उसपर अलग तरह से, लेकिन गहराई से विचार करता हूँ और इस प्रकार प्लॉट एवं कथानक पैदा होने लगता है। इसमें समय लगता है लेकिन जब तक यह "जुगाली" पूरी नहीं हो जाती और मैं लिखने के लिए तैयार नहीं हो जाता, मैं कागज-पेंसिल नहीं उठाता। यह तकनीक कई व्यवसायों में काम आ सकती है, विशेषतया रचनात्मक क्षेत्र के कार्यों में। मैं सीमाएँ निर्धारित किए बिना धैर्यपूर्वक सोचता हूँ और "जुगाली" के हर पल का आनंद उठाता हूँ। यह मेरे लिए 'स्ट्रेस बस्टर' यानि चिंता-निवारण का काम भी करती है।

**धैर्यपूर्वक काम करने का 'फ्री-साइज़' जैसा कोई समाधान नहीं होता**

यदि आप बेहतर ढंग से व्यवस्थित हैं, तो आप ज़्यादा कुशल, अधिक संतुष्ट, अधिक धैर्यवान और कम निराश होंगे क्योंकि आपकी कार्य-शैली में अधीरता के लिए कोई स्थान नहीं बचेगा। तो आपके लिए क्या सही है, उसे जानें और उसी को अपनी आदत बनाएँ --- व्यवस्थित बनें, प्राथमिकताएँ निर्धारित करें और शुरु हो जाएँ।

**आनंद लेकर धैर्यपूर्वक भोजन कैसे करें**

हिंदी में एक कहावत है: "काम करते हो तो पेट की ख़ातिर," जिसका अर्थ है कि आप इसलिए काम करते हैं कि पेट भर भोजन की व्यवस्था कर सकें। यह मनुष्य की मूलभूत आवश्यकता है।

लेकिन क्या आप धैर्यपूर्वक खाना खाते हैं? हम में से अधिकांश लोग नहीं खाते। मुझे बड़ा आश्चर्य होता है जब लोग कहते हैं कि "आज मैं काम में इतना व्यस्त रहा कि मैंने दोपहर का भोजन शाम पाँच बजे किया और मेरे पास नाश्ता करने का तो समय ही नहीं था।" आप अवश्य ही पगला गए हैं। ऐसा है तो फिर आप काम किस लिए कर रहे हैं ? बदहज़मी, अल्सर्ज़ या दिल की बीमारी के लिए। इससे अच्छा तो आप काम करना बंद कर दें। आप अपनी जीवन रेखा पर कुछ ज़्यादा ही तेज़ी से दौड़ रहे हैं।

भोजन करते समय आपका ध्यान पूरी तरह भोजन में होना चाहिए। भारतीय संस्कृति में, हम हाथ से खाते हैं यानि कि खाने को छूकर। आप जो भी खा रहे हों, उसकी सुंदरता को देखते हैं, जिस ढंग से वह परोसा गया है उसकी सराहना करते हैं, उसकी सुगंध से आनंदित होते हैं और तब कहीं जाकर उसे मुँह में डालकर उसका स्वाद चखते हैं। यानि हमारी चार इंद्रियां पूरी तरह से इस कार्य में शामिल होती हैं--- दृष्टि, स्पर्श, गंध और स्वाद।

यह आपके निवेश की अधिकतम रिटर्न है। ऐसे में आपको परेशान करने वाला कोई नहीं होना चाहिए। आपका फोन 'साइलेंट' (मूक) पर होना चाहिए और आपका पूरा ध्यान भोजन में। इस तरह आप उसका पूरा आनंद ले सकेंगे।

**गिरें तो पत्तों की तरह गिरें**

यदि जीवन में कभी गिरें भी तो शान से गिरें, जैसे पत्ता वृक्ष से गिरता है ---- शान से नाचता-झूमता हुआ।

> If there's one thing that I've repeatedly and rather foolishly forgotten to schedule into my life it is to create times where it's not scheduled
>
> यदि कोई एक चीज है जिसे मैं मूर्खतावश बार-बार अपने जीवन में शेड्यूल करना भूल जाता हूँ तो वह है उस 'समय' को निकालना जो शेड्यूल्ड न हो।
>
> — Craig D Lounsbrough
> — क्रेग डी. लाउन्सब्रो

# 7
# वर्तमान में जिएँ

*Many people are alive but don't*
*touch the miracle of being alive*

*कई लोग ज़िंदा तो होते हैं लेकिन ज़िंदा होने*
*के चमत्कार को नहीं छू पाते*

*— Thich Nhat Hanh*
*—थिच नहात हांह*

**हम या तो अतीत में जीते हैं** या भविष्य में, और इसी एक कारण हम असंतुष्ट एवं अधीर रहते हैं।

अधीरता का ज़्यादा संबंध भविष्य से होता है क्योंकि हमारे दिमाग में हर समय एक ही 'साउंडट्रेक' या यूं कहें कि "भविष्य का विचार ट्रैक" घूमता रहता कि, "चलो, इसे कल के लिए संभाल कर रख लें", "कल क्या होगा", "यह होगा तो क्या होगा", वह होगा तो क्या होगा ?"

## एक लाइव संगीत समारोह का वृत्तान्त

सन 2015 में पुणे में 'बोनी एम' के ग्रुप का संगीत समारोह हुआ था, जिसकी मुख्य गायका त्रेसठ वर्ष की लिज़ मिशेल थी। क्योंकि मैं बोनी एम के गीतों का प्रबल प्रशंसक रहा हूँ, और मेरे लिए यह जीवन में एक बार' वाला मौका था, इसलिए मैं भी इस समारोह

में गया था। लिज़ मिशेल को मंच पर लाइव गाते हुए देखना मेरे लिए किसी सपने के साकार होने से कम न था।

वह बेहद खूबसूरत लग रही थी, ऊर्जा से लबालब भरी हुई, मंत्रमुग्ध कर देने वाली शानदार आवाज और ठाट-बाट की स्वामिनी। ग्राउंड खचाखच भरा हुआ था और बॉस के भारी-भरकम स्पीकरों में संगीत धमाल मचा रहा था। कुछ जूनियर कलाकार एक घंटे तक 'बोनी एम' के गीत सुनाते रहे और फिर लिज़ मिशेल का भव्य आगमन हुआ। वह झिलमिलाती हुई काली पोशाक पहने हुए थी। दर्शक अपनी वाह-वाह और सीटियों से उसका स्वागत कर रहे थे।

मुझे यह देखकर बहुत आश्चर्य हुआ कि जैसे ही लिज़ मिशेल ने गाना शुरू किया, लगभग सब दर्शकों ने अपने सेल-फोन निकालकर उसके 'लाइव' प्रदर्शन के वीडियो बनाने शुरू कर दिए। "कैसे मूर्ख लोग हैं ये," मैंने सोचा। इतनी बड़ी कलाकार उनके सामने 'लाइव परफॉर्म' (सजीव प्रदर्शन) कर रही थी और वे उसकी वीडियो बनाने में लगे थे ! हे भगवान।

अपने पहले गाने के बाद, उसने दर्शकों को हाथ हिलाकर इशारा किया, जो अब भी उसकी वीडियो बनाने में व्यस्त थे। उसने कहा, "अरे, मेरी ओर देखो। मेरे वीडियो तो यू-ट्यूब पर भी उपलब्ध हैं। आप मेरे सभी गाने यू-ट्यूब पर दोबारा देख सकते हैं। इस समय मुझे देखिए।"

फिर भी वे लोग नहीं माने। मूर्खों की तरह बाक़ी के शो में भी वे उसे सुनने की बजाए उसके वीडियो ही बनाते रहे। शो देखने के लिए उन्होंने काफी मंहगी टिकटें खरीदी थीं फिर भी वे शो नहीं देख रहे थे। यह तो वही बात हुई कि आप टिकट खरीदकर फिल्म देखने जाएँ और दो घंटे तक मोबाइल फोन पर फिल्म की वीडियो ही बनाते रहें।

मैंने ध्यान और विपासना के कई कोर्सेज़ में भाग लिया है; वे एक ही बात सिखाते हैं --- वर्तमान की शक्ति और वर्तमान में जीने का महत्व। इन कोर्सेज़ और बोनी एम के उस 'लाइव कोंसर्ट' में मेरे पैसे और मेरा समय दोनों ही बर्बाद हो गए होते यदि मैंने वर्तमान में जीने का महत्त्व न जाना होता।

आप देश विदेश में छुट्टी मनाने जाते हैं तो भी यही होता है। लोग तस्वीरें लेने में इतने व्यस्त हो जाते हैं कि वे जहाँ हैं उन्हें उस जगह और उस पल का आनंद लेने का भी ध्यान नहीं रहता। आप पीसा के 'लीनिंग टावर' (झुकी हुई मीनार) पर हैं और समारक देखने और उसकी सुंदरता की प्रशंसा करने की बजाए आप पूरा समय उसकी तस्वीरें खींचने में गंवा देते हैं। आज के समय में यह स्थिति और भी दयनीय हो चुकी है क्योंकि सबके पास कैमरे वाले मोबाइल-फोन रहते हैं और उनसे तस्वीरें खींचने और

उससे जुड़ी किसी भी गतिविधि पर कोई खर्चा भी नहीं होता। न तो कैमरे की फिल्म की कोई लागत होती है और ना ही तसवीरों को 'डिवैलप' अथवा 'प्रिंट' करवाने का कोई झंझट।

सबसे विचित्र बात यह है कि आप छुट्टी से वापस आते हैं तो उन सैंकड़ों तसवीरों को एक बार देखते भी नहीं। आप उन सब जगहों को 'नैट जियो' अथवा 'डिस्कवरी चैनल' पर भी देख सकते थे। फिर आपने हवाई यात्रा और होटलों में ठहरने पर इतना खर्चा क्यों किया ?

**छूट जाने का भय**

आज, बहुत लोग 'फियर-ऑफ-मिसिंग-आउट' --- FOMO Syndrome --- (छूट जाने का भय) से पीड़ित रहने लगे हैं और कुछ भी 'मिस' नहीं करना चाहते। आज हम 'टच-एंड-गो-विसिटर्ज़' यानि कि 'देखो-और-चलो' की मानसिकता वाले पर्यटक बन चुके हैं जो केवल सूची में दर्ज किए गए स्थानों पर सही लगाना चाहते हैं। "ओह, मैंने रोम में पचास पर्यटक-स्थल देखे।" पचास? आपका दिमाग तो सही है? यानि आपने एक स्थल पर केवल चंद मिनट ही बिताए और एक से दूसरे स्थलों के बीच दौड़ते ही रहे --- बस। आपने केवल दो-चार स्थान देखे होते तो शायद आप उन्हें बेहतर तरीके से समझ पाते और उन्हें देखने का मज़ा भी उठाते। लेकिन आप पागलों की तरह अधीरता से एक जगह से दूसरी जगह भागते रहे। यह भी एक के बाद दूसरी तस्वीर खींचने जैसा ही हुआ। यानि दोनों सूरतों में आपने पैसा बर्बाद किया।

> Quiet the mind, and the soul will speak.
>
> मन को शांत करें, और आत्मा बोलने लगेगी।"
>
> — Ma Jaya Sati Bhagavati
> — मा जया सती भगवती

**ध्यान: मन की शांति**

हर ध्यान-पद्धति बुनियादी तौर पर एक ही बात सिखाने का प्रयत्न करती है— मन को कैसे शांत रखा जाए।

एक बार मैंने विपासना पर दस-दिवसीय पाठ्यक्रम में भाग लिया। विपासना गौतम बुद्ध द्वारा लगभग दो हजार छह सौ वर्ष पूर्व विकसित की गई ध्यान-पद्धति है। उस

पाठ्यक्रम का एकमात्र उद्देश्य यह सीखना था कि मन को शांत और एकदम स्थिर कैसे रखा जाए।

> It's better to conquer yourself than to win a thousand battles. Then victory is yours. It cannot be taken away from you.
>
> "हज़ार लड़ाइयाँ जीतने से बेहतर है अपने आपको जीतें। यह जीत आपकी होगी। इसे आपसे कोई नहीं छीन सकता।
>
> — Buddha
> — बुद्ध

तकनीक बहुत सरल है हालांकि उसपर अमल करना उतना ही कठिन। हमें अपने मन को वश में करना है जो हर समय उत्तेजित रहता है। हमारा मन हमेशा अतीत अथवा भविष्य के बारे में सोचता रहता है --- वर्तमान में और इस पल में कभी नहीं रहता। यह एक जंगली हाथी की भांति है, इसे किसी स्तम्भ के साथ चेन से भी बांध दें, तो भी यह अपने-आपको छुड़वाने के भरसक प्रयत्न करता है; कई दिनों तक चीखता-चिल्लाता रहता है। फिर जब इसे ज्ञात होता है कि चीखने- चिल्लाने से कुछ भी हासिल नहीं होने वाला, तो यह खुद ही शांत हो जाता है।

हमारा मन भी इसी तरह हमेशा चीखता-चिल्लाता रहता है क्योंकि कोई न कोई चीज हमें परेशान करती रहती है। हमें भी इसे किसी काल्पनिक खंभे से बांध देना चाहिए ताकि, कुछ समय बाद यह भी, लोकोक्तीय हाथी की तरह स्वयं ही शांत हो जाए। हाँ, हमारा मन हमेशा उत्तेजित रहता है, और ध्यान-क्रिया ही इसे शांत करने का बढ़िया उपाय है। उत्तेजना ही हमारे अंदर हताशा, बेचैनी और अधीरता पैदा करती है।

> Learn this from water: loud splashes the brook but the oceans depths are calm.
>
> "यह बात पानी से सीखें: नदी-नाले ज़ोरों से पानी के छींटे उछालते हैं जबकि महासागरों की गहराई हमेशा शांत होती है।"
>
> — Buddha
> — बुद्ध

**विपासना क्या है**

विपासना हमें सिखाती है कि अधीर होने से कैसे बचें। लेकिन इसके बारे में पढ़ लेने मात्र से कुछ नहीं हो सकता — इसे किसी आचार्य / गुरु अथवा शिक्षक से सीखना पड़ता है और फिर इसका पूरा लाभ उठाने के लिए इसका अभ्यास करना भी बहुत ज़रूरी है। लेकिन इसके परिणाम किसी चमत्कार से कम नहीं होते।

एक ध्यानी / साधक एक शांत स्थान पर बैठकर नासिका से अंदर-बाहर आते-जाते श्वासों पर ध्यान केन्द्रित करता है। वे सतही, गहरे, गर्म, ठंडे अथवा शीत हो सकते हैं ; लेकिन उन्हें ध्यानपूर्वक देखना भर होता है, उन पर कोई प्रतिक्रिया नहीं करनी होती। जैसे ही मन भटकने लगे — जो कि उसका स्वाभाव है — उसे वापस श्वासों पर केन्द्रित करना होता है। कुछ दिनों बाद मन का भटकना बंद हो जाता है या काफी कम हो जाता है, और हमें शांति का अनुभव होने लगता है।

इससे अगले चरण में, जो कि कुछ दिनों बाद होता है, आप सिर से पाँव तक, पूरे शरीर में किसी भावना के संचार का अनुभव करने लगते हैं। आपको कई प्रकार की संवेदनाओं का आभास होता है, कठोर, कोमल, गर्म, सर्द संवेदनाएँ, या फिर त्वचा पर जलन, शरीर के किसी भाग में जड़ता, अतिसक्रियता, पीड़ा या पीड़ा का बिल्कुल न होना, शरीर में जकड़न अथवा पूर्ण शिथिलता का आभास, इत्यादि। एक बार फिर आपको इन अनुभूतियों को, इन संवेदनाओं को बिना किसी पूर्वाग्रह, द्वेष, घृणा, अथवा खुशी के केवल देखना होता है —बिना किसी प्रकार की प्रतिक्रिया के इन्हें महसूस कर आगे बढ़ना होता है। कितना सरल लगता है? तो कर के देखें। आपको महसूस होगा कि आपका मन बिलकुल भी आपके नियंत्रण में नहीं है और बहुत जल्द भटकने लगता है। आपको उसे वापस ढर्रे पर लाना होगा और ऐसा करते रहना होगा जब तक आप इस तकनीक में महारत हासिल नहीं कर लेते।

इसलिए धैर्यवान बनने के लिए आप चिंतन की कोई भी तकनीक सीख सकते हैं। मैंने जो सीखा है उसका संक्षेप में वर्णन किया है। इससे निश्चित रूप से आपको फायदा होता है।

दूसरी बात: आप इतनी मेहनत करके जो स्थान देखने गए हैं उसकी सेल्फी अथवा वीडियो निकालने की बजाय उसके सामने उपस्थित होने के पल का आनंद लेने की कोशिश करें।

The best way to capture moments is to pay attention. This is how we cultivate mindfulness.

पलों को कैद करने का सबसे अच्छा तरीका है उन पर ध्यान देना। इसी प्रकार हम सचेतनता विकसित कर सकते हैं।

— Jon Kabat-Zinn
— जॉन कबाट-ज़िन्न

# 8

# धैर्य-शक्ति बढ़ाने के लिए सोशल मीडिया और मोबाइल फोन का उपयोग कैसे करें

*Patience isn't something that gets handed out to some and not to others. It is a skill you can develop through understanding and patience.*

*धैर्य ऐसी चीज नहीं जो कुछेक को मिलती है और दूसरों को नहीं। यह वह कौशल है जिसे आप समझदारी और अभ्यास से विकसित कर सकते हैं*

धैर्य-शक्ति बढ़ाने के लिए, हम सेल-फोन अथवा कंप्यूटर द्वारा सोशल मीडिया का उपयोग कैसे करें ? सुनने में बड़ा अजीब लगता है ना ? मैं बताऊंगा कि यह कैसे संभव है।

निराशा, उत्तेजना व लाचारी की वह भावना है जो हमारी ज़रूरतों के न पूरे होने की स्थिति में पैदा होती है। जीवन फूलों की सेज नहीं है। हमारी सब इच्छाएँ कभी पूरी नहीं होतीं। सफलताओं के साथ विफलताएँ भी मिलती हैं। लेकिन हमें हर बात में तत्काल परिणाम हासिल करने की आदत हो चुकी है। ई-मेल्स क्षणों में दुनिया भर में पहुँच जाती हैं। 'माउस' पर एक 'क्लिक' से हम किसी भी शहर का तापमान जान सकते हैं। कोई तस्वीर तुरंत 'डाउनलोड' नहीं होती, तो हम झल्लाने लगते हैं, धीरज खो बैठते हैं जैसे कि आसमान सिर पर आ गिरा हो !

निराशा ऐसी भावना है जो हमें तनाव-ग्रस्त बनाती है, हमारी हास्यवृत्ति को नष्ट कर देती है और हमारे जीवन को दयनीय बना देती है। इससे, उदासी, अवसाद, एवं आत्महत्या जैसी गंभीर समस्याएँ पैदा हो सकती हैं। निराशा पर विजय पाकर हम अपने भावनात्मक जीवन को फिर से जीवंत बना सकते हैं और अपनी रोज़-मर्रा की परेशानियों और तनावों को संभालने योग्य हो सकते हैं। यह हम पर निर्भर करता है कि हम अपनी मुसीबतों से परेशान होते रहें या धैर्य जैसे महान सद्‍ण की मदद से अपने आपको परिवरतित कर लें।

> Patience is not simply the ability to wait --- it's how we behave while we are waiting.
>
> "धैर्य केवल प्रतीक्षा करने की क्षमता नहीं है - प्रतीक्षा करते समय हम कैसा व्यवहार करते हैं, वह भी है।
>
> — Joyce Meyer
> — जॉय्स मेयर

**सोशल मीडिया वह महत्वपूर्ण उपकरण है जो हमारे फायदे के लिए कई प्रकार से इस्तेमाल किया जा सकता है**

हम सब प्रतिदिन कई-कई घंटे सोशल मीडिया का इस्तेमाल करते हैं। व्हाट्सएप, फेसबुक, इंस्टाग्राम, ट्विटर--- वरीयता का ज्यादातर यही क्रम रहता है। यहाँ तक कि, दुर्भाग्य से, ये सब उपकरण, जो हमें दुनिया-भर से, विशेषत: हमारे निकट संबंधियों व प्रिय लोगों के साथ, जोड़ सकने की क्षमता रखते हैं, समय बर्बाद करने के साधन-मात्र बनकर रह गए हैं और हमें इनकी गंदी लत लग चुकी है। चूंकि ये सब मोबाइल फोन पर उपलब्ध होते हैं, इसलिए इन्हें चौबीसों घंटे इस्तेमाल किया जा सकता है, यहाँ तक कि सड़क पर, पार्क में, दोस्तों के साथ बातचीत करते हुए, टी वी देखते हुए, रेलगाड़ी अथवा बस में यात्रा करते हुए भी हम इन्हें इस्तेमाल कर सकते हैं। हम महसूस करने लगे हैं कि इनके बिना हमारा जीना मुश्किल ही नहीं बल्कि बदतर एवं अर्थहीन हो जाएगा। अगली बार आप किसी हवाई-अड्डे अथवा रेलवे-स्टेशन के प्रतीक्षालय में हों तो गिनकर देखें कि कितने लोग अपने-अपने मोबाइल फोन पर व्यस्त हैं। मुझे विश्वास है उन्हें देखकर आप हँसेंगे — उनमें से लगभग 90 प्रतिशत उनके लैपटॉप अथवा फोन पर इस तरह व्यस्त होंगे जैसे कि अगले ही क्षण आसमान गिरने वाला है। वास्तव में, आज मोबाइल हमारा सबसे कीमती गहना बन चुका है, जिसे हम पल भर के लिए भी

अपने से अलग नहीं कर सकते। लेकिन यदि आप अपने मोबाइल का साथ छोड़ सकते हैं, तो आप निश्चय ही धैर्यवान बन सकते हैं।

आप अपना मोबाइल ज़रूर देखें लेकिन उसकी 'बीप', उसके 'वाइब्रेशन' और उसके बजने पर कोई प्रतिक्रिया न दें। यह आपके लिए 'इलेक्ट्रॉनिक मेडिटेशन' (यांत्रिक ध्यान) हो सकता है। इसे 'इलेक्ट्रॉनिक विपासना' मानकर चलें --- विपासना, जिसकी चर्चा हम पिछले अध्याय में कर चुके हैं।

**आप अपने अंदर धैर्य पैदा करने के लिए निम्न तरीकों से अपने मोबाइल का बुद्धिमत्ता से उपयोग कर सकते हैं।**

1. *रोज़ के मोबाइल-मुक्त घंटे तय करें:* हमारे पास दिन में जागृत अवस्था के लगभग सोलह घंटे होते हैं। फोन के अनुशासित उपयोग के लिए दो घंटे की अवधि निश्चित कर लें जब आप फोन को 'साइलेंट मोड' (मौन) पर रखेंगे। ऐसी तीन अवधियाँ आपके फोन के उपयोग के समय को दिन में छः घंटे कम कर देंगी। आप फोन-काल्स का जवाब नहीं देंगे तो आसमान नहीं गिर जाएगा। बाद में आप 'मिस्ड कॉल अलर्ट्स' की जांच कर ज़रूरी फोंस का जवाब दे सकते हैं। एक बार आपको इसकी आदत पड़ जाएगी तो आप ऐसी अवधियों को तीन से बढ़ाकर चार भी कर सकते हैं। इस प्रकार आप आत्म-नियंत्रण, अनुशासन और संयम का निर्माण भी कर पाएंगे।
2. *रात्रि 10:00 बजे के बाद मोबाइल का उपयोग न करें:* यह काम बड़ी आसानी से किया जा सकता है यदि आप पर्याप्त इच्छा-शक्ति रखते हैं या इच्छाशक्ति विकसित करना चाहते हैं। देखा जाए तो इच्छाशक्ति क्या है; मन में इच्छा का होना और उसे क्रियान्वित करने के किए उपयुक्त शक्ति।
3. *धैर्य रखें:* फोन पर आए हर संदेश, ट्वीट अथवा फेसबुक की 'पोस्ट' का उत्तर ना दें। इन पर प्रतिक्रिया देने से पहले यह तीन 'फ़िल्टर्स' (मापदंड) लगाकर देखें: क्या यह जानकारी उपयोगी है, क्या यह सच है, और क्या यह अच्छी जानकारी है? अन्यथा उसे फोन से 'डिलीट' कर दें (मिटा दें)।
4. *'डिलीट' करने का साहस रखें:* बेकार की 'मेल' अथवा संदेशों को फोन से 'डिलीट' करने का साहस रखें। इससे आप और भी दृढ़ एवं निर्धारक बन पाएंगे।
5. *संक्षिप्त रहें:* यह बात बहुत महत्वपूर्ण है। व्यर्थ की 'चैटिंग' (गपशप) में मत उलझे रहें। जो लोग ऐसा करते हैं उनके फोन काटने और उनसे छुटकारा पाने की इच्छाशक्ति पैदा करें। बात विनम्रता से करें लेकिन दृढ़ता व कूटनीति से भी काम लें।

6. *'फॉरवर्ड' (अग्रेषित) करने की खुजली को त्यागें:* यह सबसे कठिन काम है। हम पूरा-पूरा दिन इसी काम में उलझे रहते हैं: व्हाट्सएप पर प्राप्त हो रहे अधिकांश संदेशों को अपने जानकारों अथवा सगे-संबधियों को फॉरवर्ड करने में। यदि आप इस आदत को त्याग सकते हैं तो आप शत-प्रति-शत इच्छा-शक्ति के स्वामी हैं।
7. *ग्रुप्स (समूहों) का हिस्सा बनने से बचें:* यह सबसे अधिक समय बर्बाद करने वाली क्रिया है। यदि किसी व्हाट्सएप ग्रुप में शामिल होने से आपको कुछ नया सीखने को नहीं मिल रहा तो उसकी सदस्यता को तुरंत तिलांजलि दे दें।
8. *मोबाइल फास्टिंग (उपवास):* लोग सप्ताह के कुछ दिन उपवास रखते हैं, जब वे दिन-भर कुछ नहीं खाते। इससे उनके 'डाइजेस्टिव सिस्टम' (पाचन-तंत्र) को आराम मिलता है और आत्म-निषेध द्वारा उनके आत्म-नियंत्रण का भी निर्माण होता है। आप भी अपने मोबाइल के साथ ऐसा करने का प्रयास करें। इसे दिन-भर बंद अथवा 'साइलेंट मोड' (मौन-अवस्था) में रखें। क्या आप सप्ताह में एक बार ऐसा कर सकते हैं ? यदि हाँ, तो जान लें कि आप मजबूत इच्छाशक्ति रखते हैं और आपके चरित्र में दृढ़ संकल्प व आत्म-नियंत्रण का विकास हो रहा है।
9. *इसे जानबूझ कर भूल जाएँ:* जब आप टहलने जाएँ अथवा दोस्तों के साथ किसी के घर जाएँ तो अपना मोबाइल साथ न लेकर जाएँ। इसके बारे में अपने माता-पिता को भी सूचित कर दें। कुछ नहीं होगा यदि आपका फोन आपके पास नहीं है तो। आपको इसका उपयोग न करने की आदत डालनी होगी; जान बूझकर अपने पास फोन न रखने की आदत डालनी होगी। ऐसा करने से आपकी इच्छाशक्ति भी बढ़ेगी।
10. *लाइक्स (अनुमोदन) की चिंता न करें:* कई बार हम 'फेसबुक' पर कुछ 'पोस्ट' करते हैं और अपेक्षा करते हैं कि लोग उसे 'लाइक' (पसंद) करेंगे और उस पर सकारात्मक टिप्पणियाँ भी करेंगे। लेकिन ज़रूरी नहीं कि ऐसा हो। इसलिए 'लाइक्स' की संख्या के बारे में चिंता न करें। कुछ लोग आपके विचारों को पसंद नहीं करेंगे तो दुनिया खत्म नहीं हो जाएगी। बल्कि इससे आपके लचीलेपन और धैर्य में वृद्धि होगी।
11. *आपको उकसाने वाले अप्रिय संदेशों पर प्रतिक्रिया न दें:* संदेशों को पढ़ें और उन पर नज़र रखें लेकिन कोई प्रतिक्रिया न दें। गौतम बुद्ध की सबसे बड़ी शिक्षा है: "देखो, लेकिन प्रतिक्रिया मत दो।" यह चरित्र-निर्माण का दो-गुने प्रभाव वाला तरीका है: पहला इससे आपको मन की शांति मिलती है और दूसरे, इससे मजबूत चरित्र और धैर्य का निर्माण होता है।

12. *अपने मोबाइल पर स्टिकर (चिप्पी) लगाएं:* "मुझे थोड़ी देर के लिए दूर रखें। मैं आपका मोबाइल हूँ लेकिन मैं भी थक जाता हूँ।" यह बात कागज के एक टुकड़े पर लिखें, इसके साथ गुस्सा दिखाने वाली एक 'एमोजी' बनाएँ और इसे अपने मोबाइल फोन पर चिपका दें। इसे आप अपने लैपटॉप पर भी चिपका सकते हैं। यदि आप अपने संदेश का सम्मान करेंगे तो समझ लें कि आपने अपने मन और आत्म-नियंत्रण पर जीत हासिल कर ली है।
13. *'मॉर्निंग इच्च' (सुबह की खुजली) पर क़ाबू पाएँ:* हममें से अधिकतर लोग नींद से जगते ही पहला काम मोबाइल फोन उठाने का करते हैं। ऐसे में दृढ़ता से 'ना' बोलकर अपने आत्म-नियंत्रण को विकसित करें। फिर आप चाहे समाचार-पत्र पढ़ें अथवा रेडियो सुनें, लेकिन मोबाइल उस समय तक ना उठाएँ जब तक आप नाश्ता न खा चुके हों या फिर जो समय आपने इसके लिए निर्धारित किया हो।
14. *जहाँ तक संभव हो, लैपटॉप से दूर रहें:* यदि आपके पास लैपटॉप है तो पूरा दिन उससे ही न चिपके रहें। सैर के लिए बाहर घूमने जाएँ, खुली हवा में कोई खेल खेलें, या फिर कोई किताब अथवा पत्रिका पढ़ें।
15. *मोबाइल पर मूवी या क्लिप्स न देखें:* मोबाइल फोन पर फिल्में अथवा छोटी-छोटी वीडियो मत देखें। यदि आपको इसकी आदत है तो इससे छुटकारा पाएं; ऐसा करके आप अपना आत्म-संयम भी विकसित कर रहे होंगे।
16. *मित्रों को अपने निर्णय की सूचना दें:* अपने दोस्तों को यह बताने का साहस रखें कि आपने अपनी इच्छाशक्ति विकसित करने और धैर्य को बढ़ाने का संकल्प लिया है और उन्हें आपके संकल्प को न केवल समझना है बल्कि उसका सम्मान भी करना है।
17. *इसे अपनी स्टाइल स्टेटमेंट बनाएं:* "प्लास्टिक, चीजों के दुरुपयोग और मोबाइल्स को 'ना' कहें।" अपने मित्र-मंडल में एक अभियान शुरू करें और उन्हें यह संदेश दूसरे लोगों से साझा करने को कहें। याद रखें कि यह संदेश फायदेमंद है, अच्छा है और सत्य है। यह तीनों मापदण्डों पर खरा उतरता है। शुरु से अंत तक नेतृत्व करें। आपको सम्मान मिलेगा।
18. *दूसरों पर सकारात्मक सहकर्मी दबाव बनाएं:* अपने नियम खुद बनाएं और अपने आपको सबसे अच्छा साबित करें। अमिताभ बच्चन ने एक फिल्म में कहा था: "लाइन वहाँ से शुरू होती है जहाँ हम खड़े होते हैं।" आपको भी पहल करनी है जिसके लिए हिम्मत, दृढ़ संकल्प और धैर्य की आवश्यकता होती है। याद रखें, साहस के बिना महिमा नहीं मिलती। सहकर्मियों के नकारात्मक दबाव में आने की बजाए, सोशल मीडिया और मोबाइल का इस्तेमाल करते हुए दूसरों पर सहकर्मी दबाव बनाएँ।

19. *इसे अपनाएं:* सड़क पर चलते समय अथवा गाड़ी चलाते समय संदेश भेजने अथवा बात करने के लिए मोबाइल फोन का इस्तेमाल न करें।
20. *अपने व्यवहार से दूसरों को नाराज़ न करें:* डाइनिंग टेबल पर खाना खाते समय या दोस्तों के साथ चाय-नाश्ता करते समय मोबाइल पर न तो किसी को 'टेक्स्ट मेस्सेज' (संदेश) भेजें और न ही किसी से बात करें। यह आत्म-नियंत्रण से ही संभव है।
21. *अब यह आपके हाथ में है:* याद रखें कि इच्छाशक्ति और धैर्य विकसित करने का 'टूल' (उपकरण) यानि कि मोबाइल आपके हाथ में है। यह उपकरण आपको अपना चरित्र मजबूत करने और आप जैसा चाहें वैसा बनने में आपकी सहायता करता है। फिर भी याद रखें कि महान लोग मोबाइल फोन का उपयोग किए बिना भी महान ही रहते हैं। क्या आप जानते हैं कि टॉम क्रूज, सारा जेसिका पार्कर और यहां तक कि वॉरेन बफेट ने कभी मोबाइल फोन का इस्तेमाल नहीं किया ? तो फिर, यदि वे लोग यह कर सकते हैं, तो आप क्यों नहीं कर सकते हैं?

## इसे आप अकेले नहीं कर सकते

हम ऐसे दोस्त और रिश्तेदारों के साथ रहते हैं जो खुद फोन का गलत इस्तेमाल करते हैं। वे भी मोबाइल फोन और सोशल मीडिया की बुरी लत से छुटकारा पाने के लिए संघर्ष कर रहे हैं। जब मोबाइल फोन का आविष्कार नहीं हुआ था तो क्या लोग अच्छा जीवन नहीं जीते थे, क्या वे खुश नहीं रहते थे ? वे बहुत खुश रहते थे। उन दिनों के लोग बताते हैं कि उनका जीवन कहीं ज़्यादा 'रिलेक्स्ड़' (आरामदायक) था और उनके पास खाली समय भी बहुत होता था।

अब चूंकि सब लोग मोबाइल और सोशल मीडिया का उपयोग कर रहे हैं, आपको उन्हें भी साथ लेकर चलना पड़ेगा। अन्यथा, लोग आपको गलत समझ सकते हैं और आप पर भगौड़ा अथवा वैरागी होने का ठप्पा लगा सकते हैं। इसलिए बेहतर होगा कि आप अपने घनिष्ठ मित्रों और रिशतेदारों को, जिनके साथ आप रात-दिन संपर्क में रहते हैं, यह बताएँ कि आप क्या संकल्प कर रहे हैं और क्यों कर रहे हैं। जी हाँ, उन्हें बताएँ कि यह संकल्प आप अपनी इच्छाशक्ति, धैर्य और आत्म-संयम के निर्माण के लिए कर रहे हैं। कुछ लोग आपसे असहमत भी होंगे लेकिन आपको अपनी बात मनवानी पड़ेगी। उन्हें अपनी उस योजना के बारे में भी बताएँ जो आप ऊपर दिए गए बिंदुओं के मद्दे-नज़र बनाना चाहते हैं। उन्हें बताएँ कि किस समय आप अपने मोबाइल फोन का इस्तेमाल नहीं कर रहे होंगे और किस दिन आपका फोन उपवास पर रहेगा। आपको दृढ़ इच्छाशक्ति और लचीलेपन से लोगों का नेतृत्व करना होगा। धीरे-धीरे लोग आपको समझने लगेंगे और जैसे-जैसे आप उन्हें प्रेरित करेंगे, उनका मार्ग-दर्शन करेंगे, वे

आपके पदचिन्हों पर चलने लगेंगे। बेहतर होगा कि आप इसकी शुरुआत दस-एक दोस्तों और रिश्तेदारों के ग्रुप से करें और इसे आगे ले जाएँ। आप इसमें अपने माता-पिता को भी शामिल कर सकते हैं; जितने अधिक लोग होंगे उतना अच्छा रहेगा।

यदि आप लगभग असंभव लगने वाले इस 'मिशन' (लक्ष्य) को निश्चित रूप से संभव बनाना चाहते हैं तो लोगों को समझाने के लिए आपको अनुनय-विनय की कला का उपयोग करना होगा। यह आपके लिए एक बोनस सिद्ध होगा। जब आपके पास काफी बड़ा ग्रुप होगा तो आपको लगेगा कि आपकी महत्वाकांक्षा और मिशन पूरा हो गया है। यदि आप यह सब इच्छाशक्ति, धैर्य और आत्म-संयम से कर पाते हैं तो आप विजयी होंगे और आपको स्वयं महसूस होगा कि आप वाकई बड़े सकारात्मक और शक्तिशाली बन चुके हैं। आपको 'डिटोक्सिफिकेशन इफैक्ट' (विषहरन प्रभाव) जैसे 'विदड्राअल सिम्पटन्स' (निकासी के लक्षण) दिखाई देंगे लेकिन आपको इनकी परवाह किए बिना दृढ़ इच्छाशक्ति से काम लेना होगा और चाहे जो हो जाए, अपने लक्ष्य की प्राप्ति के लिए आगे बढ़ना होगा।

**उतना ही काटें जितना चबा सकें**

इच्छाशक्ति और धैर्य निर्माण में सोशल मीडिया और मोबाइल फोन का क्या-क्या उपयोग हो सकता है इसके लिए हमने इक्कीस सुझावों पर बात की है। आपको इन सब पर एक साथ काम करने की आवश्यकता नहीं है। इनमें से कोई भी तीन-चार सुझाव चुनें और उनपर पूरी तरह से अमल करना शुरू करें। इस प्रकार आपकी योजना और प्रयास सफल होंगे। थाली में बहुत अधिक मात्रा में डाल लेने से आप हतोत्साहित हो सकते हैं और निराश भी। एक-एक कदम चलना ही बेहतर होता है। मैं आपको यह विश्वास दिला सकता हूँ कि अंततः आपके प्रयास आपके व्यक्तित्व और जीवन को बदलने में और आपको एक बेहतर इंसान बनाने में अवश्य सफल होंगे और आप भविष्य में जो भी करना चाहते हैं उसकी सफलता में भी मददगार होंगे।

> Great works are performed not by strength but by perseverance.
>
> महान कार्य बल से नहीं, बल्कि दृढ़ प्रतिज्ञा से किए जाते हैं।
>
> — Samuel Johnson
> — सेम्युल जॉनसन

# 9

# कभी कभी कुछ न करें

*Don't underestimate the value of 'Doing Nothing', of just going along, listening to all the things you can't hear, and not bothering.*

*कुछ ना करने, ऐसे ही सब के साथ चलते रहने, ना सुन सकने वाली बातों को भी सुनते रहने और परेशान न होने की शक्ति को कभी भी कम न आँकें।*

*— A A Milne*
*— ए ए मिल्ने*

मुझे यह बात बहुत अच्छी लगती है। 'कुछ न करें", जे बी प्रीस्टले का यह निबंध, या शायद इसका एक भाग, मैंने स्कूल के दिनों में पढ़ा था लेकिन विश्वास कीजिए कि, कई दशक बीत जाने के बाद, उसका प्रभाव आज भी मेरे मन पर वैसे का वैसा क़ायम है। 'कुछ न करें'.... इस बात का कितना गहरा अर्थ है। सोचा जाए तो यह हमारे शरीर, दिल और दिमाग के 'डिटॉक्स' (शुद्धिकरण) एवं 'मेंटल फ्लॉस' (मानसिक उधेड़-बुन) के लिए एक आदर्श नुस्खा हो सकता है।

*दो दोस्त पहाड़ की एक पगडंडी पर निकलते हैं और एक सपाट चोटी पर पहुँचते हैं। पीठ के बल सपाट लेटकर वे आकाश को निहारने लगते हैं। या फिर कहीं भी ना देखते हुए अपने अतीत में झाँकने लगते हैं। बैठक में बिछे गलीचों के आकार के यहाँ-वहाँ फैले जंगली घास के टुकड़े, उन्हें आराम फरमाने के लिए आमंत्रित करते हैं। आकाश में चीलें व अन्य पक्षी मंडरा रहे हैं, या फिर थर्मल का उपयोग करते हुए मुक्त*

*उड़ने वाली वस्तुओं जैसे लग रहे हैं, दूर खिसकते हुए, स्वर्ग के प्रांगण में पहुँचने का आभास देते हैं। दोपहरी का आसमान एकदम साफ है। कहीं-कहीं कपास की गेंदों जैसे कुछ बादल हवा में तैरते हुए देखे जा सकते है। शीघ्र ही गेंदें टूटने-बिखरने लगती हैं और इनके टुकड़े इधर-उधर उड़ते हुए एक दूसरे में विलीन होकर भांति-भांति की आकृतियाँ तैयार करने लगते हैं; कभी बाघ, कभी हाथी, कभी बूढ़ी अम्मा की आकृति। 'कुछ ना करना' कितना सुखमय लग रहा है, कितना आरामदेह। मानसिक स्वास्थ्य के लिए यह कितना लाभकारी है कि हमने अतीत को भी भुला दिया है और हम भविष्य की चिंता भी नहीं कर रहे। फिर इस बात की चिंता किए बिना कि नीचे धरातल पर बसी दुनिया इस समय क्या कर रही होगी, वे सैंडविच और कोल्ड ड्रिंक्स का सेवन करने लगते हैं जो वे अपने साथ लाये थे।*

मुझे भी गुज़रे दिनों में दोस्तों के साथ इस तरह पिकनिकों पर निकल जाना अच्छी तरह याद है। और आज वह हिन्दी गीत भी याद आ रहा है: "कोई लौटा दे मेरे बीते हुए दिन"। कई लोग इसे समय की बर्बादी मानते हैं, यही नहीं बल्कि जीवन की बर्बादी भी। लेकिन मैं मानता हूँ कि कभी-कभार ऐसा करना, घर के आस-पास के बाग-बगीचों में, शहर के पार वाले जंगलों में या किसी निकटवर्ती पर्वत-शिखर पर यूँ ही अनियोजित निकल जाना और एकदम चिंता-मुक्त होकर यहाँ-वहाँ पड़े रहना, सुस्ताना, मज़े करना --- हमारे जीवन में चमत्कारिक बदलाव ला सकता है। आज हमारी समस्या यह है कि हम अवकाश और मौज-मस्ती करने के लिए भी 'प्लैनिंग' करने लगते हैं, योजनाएँ बनाने लगते हैं। आज पिकनिक भी एक 'ओर्गेनाइज़्ड़ केओस' (नियोजित अव्यवस्था) बन कर रह गया है — हम खाने के ढ़ेरों पैकेट, म्यूज़िक सिस्टम, कुर्सियाँ, मेजें, और न जाने क्या-क्या.... अपने साथ ले जाते हैं। क्या बकवास है ! पिकनिक हुई या सजा ? और शाम को इन सबको समेटो, संभालो, घर ढोते फिरो — और दिन-भर के अनंत शोर और थकान से टूटे-हारे एक-दूसरे पर चिल्ला-चिल्ली करते रहो ! क्या हम इस सब के लिए पिकनिक पर गए थे? नहीं, बिलकुल नहीं।अगली बार पिकनिक पर जाएँ तो केवल 'कुछ ना करने' के लिए जाएँ।

'कुछ ना करने' का यह अद्त कार्य हम रात में भी कर सकते हैं। पुराने दिनों में हम किया भी करते थे। चारपाइयों पर सपाट लेटे रहना, शीशे जैसे साफ, सुंदर, सम्मोहक आकाश को एकटक देखते रहना, 'आकाशगंगा', 'पोल स्टार' और 'सप्तऋषि' जैसे तारामंडलों को ढूंढते रहना। 'सप्तऋषि' वास्तव में वृषभ राशि के नक्षत्र में स्थित एक स्वछंद तारा समूह है। भाग्य अच्छा होता था तो कभी-कभार चमकदार पूंछल तारे का टूटकर गिरना भी दिखई पड़ जाता था। यह अनुभव रौंगटे खड़े कर देने वाला होता था लेकिन अत्यंत सुखदायक भी।

आज हम शहरी इलाकों में रहते हैं जहाँ इस प्रकार की मौज-मस्ती, ऐसी विलासिता की संभावना ही नहीं रही और ज्ञानी लोग परामर्श देते हैं कि हम दिन की शुरुआत शांत स्वभाव से कमरे के किसी कोने में बैठकर, कुछ ना सोचते हुए, कुछ ना करते हुए करें।

To do nothing, it is first necessary to be doing nothing.

कुछ करने के लिए ज़रूरी है कि पहले आप कुछ ना कर रहे हों।"

— Nancy Hale
— नैन्सी हेल

**आलस्य सबसे बड़ा अपराध है**

आप पूछ सकते हैं कि, "आलस्य अथवा 'कुछ न करने' का धैर्यवान होने से क्या संबंध है?" कभी 'कुछ न करने' की कोशिश करके देखें, तो समझ जाएंगे। 'कुछ न करने' के लिए बहुत धैर्य की आवश्यकता होती है क्योंकि हम में से अधिकांश लोग इतने चंचल, बेचैन और बेसब्र प्रकृति के होते हैं कि इन्हें अक्सर यह कहते हुए सुना जा सकता है, "यार, तुम इतने घंटों तक घर पर ही कैसे बैठे रहते हो? मैं तो काम किए बिना बहुत बेचैन हो उठता हूँ।" ऐसे लोगों को अधीरता से अधीर कहा जा सकता है। लेकिन आलस्य से भी संसार को बचाया जा सकता है।

यदि विश्व में कुछेक लोग अत्यधिक उत्सुक अथवा अति-ऊर्जावान न होते तो दुनिया को दो विश्व-युद्धों से पैदा हुए विनाश, नरसंहार और विपदा से बचाया जा सकता था। लेकिन फिर भी हम ऐसे लोगों को महान कहते हैं, जबकि महानता जैसा उनमें कोई भी गुण न था।

विश्व-युद्धों के बारे में जे बी प्रीस्टले का दृष्टिकोण जानने के लिए उसके निबंध से कुछ पैराग्राफ उद्‌त करता हूँ। इसे बेहतर तरीके से समझने के लिए इन युद्धों के इतिहास के बारे में जानना बहुत ज़रूरी है।

*दुनिया की सब विपदाएँ उन लोगों ने पैदा की हैं जो सदैव जागृत रहते हैं और कुछ न कुछ करते रहते हैं हालांकि वे यह नहीं जानते कि उन्हें कब जागृत रहना चाहिए और क्या करना चाहिए। मुझे लगता है कि आज भी शैतान, ब्रह्मांड का सबसे व्यस्त प्राणी है, और मैं आलस्य के प्रति उसकी निंदा और समय की बर्बादी के प्रति उसके*

*क्रोध का कारण भी समझ सकता हूँ। मैं दावे से कह सकता हूँ कि उसके, यानि शैतान के राज्य में, किसी को भी 'कुछ न करने' की अनुमति नहीं है, एक दोपहरी के लिए भी नहीं।*

*हम मानते हैं कि आज पूरा संसार किसी भगदड़, गड़बड़ी और अव्यवस्था की स्थिति में है, लेकिन मैं, इसकी इस दशा के लिए आलस्य को तो किसी प्रकार से भी दोषी नहीं मानता। यह संसार में सक्रियता के अभाव के कारण नहीं बल्कि निष्क्रियता के अभाव के कारण है। अधिकतर लोग दयालुता और स्थिर विचारों के इलावा कुछ भी करने में सक्षम हैं। आज भी विश्व ऊर्जा से भरा पड़ा है, (इसके बारे में उधम मचाने वाले लोग भी कम नहीं है), लेकिन दुर्भाग्य से इस ऊर्जा का प्रयोग ज़्यादातर गलत कामों के लिए हो रहा है। उदाहरण के तौर पर, यदि जुलाई 1914 में, जब अच्छा-खासा सुस्ताने का मौसम था, दुनिया के सारे सम्राट, राजा, धनुर्धर, राजनेता, सेनापति, पत्रकार, अचानक 'कुछ न करने' की तीव्र इच्छा से ग्रस्त हो गए होते, सोचते कि ऐसी सुंदर खिली हुई धूप में थोड़ा सुस्ता लेते हैं या फिर थोड़े धूम्रपान आदि का आनंद उठा लेते हैं तो आज हम सब जिस स्थिति में हैं उससे कहीं बेहतर स्थिति में होते। शायद आज की तुलना में अधिक खुश और सुखी भी होते। लेकिन 'जीवन एक संघर्ष है' इस सिद्धांत को किसी ने चुनौती न दी; यही मानते रहे कि समय बर्बाद नहीं होना चाहिए; कुछ-न-कुछ करते रहना चाहिए। और, जैसा कि हम जानते हैं, कुछ किया गया और प्रथम विश्व युद्ध शुरू हो गया।*

*एक बार फिर, 1919 में जर्मनी की हार और प्रथम विश्व युद्ध की समाप्ति के बाद, यदि हमारे राजनेता अपने अपचित विचार और नष्ट करने के लिए बहुत सारी ऊर्जा लिए, वर्साय की ओर भागने की बजाय एक-दो हफ्तों का अवकाश ले लेते और पत्राचार, साक्षात्कार और ऐसे ही दूसरे कार्यों से मुक्त होकर किसी हिल-स्टेशन पर मौज-मस्ती करने निकल गए होते, अपने प्रायः अति-व्यस्त ऊर्जावान जीवन में पहली बार ही सही, 'कुछ न करने' की प्रक्रिया कर रहे होते, तो शायद अपने तथाकथित शांति सम्मेलन में भाग लेकर बिना अपनी प्रतिष्ठा गँवाए और बिना दुनिया के मामलों को बिगाड़े, वापस आ गए होते।*

*आज भी यदि यूरोप के आधे राजनीतिज्ञ इस धारणा को त्याग दें कि आलस्य एक अपराध है और थोड़ी देर के लिए ही सही, 'कुछ न करने' के लिए कहीं चले जाएँ तो निश्चित रूप से हमें फायदा होगा। ऐसे ही कई दृष्टांत मेरे मन में उभर रहे हैं। जैसे कि आए दिन कई धार्मिक प्रतिष्ठान कई प्रकार के सम्मेलन आयोजित करते रहते हैं; और हालांकि विश्व में जघन्य बुराइयों की कमी नहीं, हालाँकि हमारी सभ्यता का भविष्य और भाग्य अभी भी संदिग्ध हैं, इन सम्मेलनों में भाग लेने वाले सदस्य आज भी महिलाओं की स्कर्ट की लंबाई और डांस बैंड के शोर की निंदा करने में अपना समय गँवाते रहते हैं।*

*यह सब करने की बजाय यदि वे लोग कुछ देर के लिए पीठ के बल लेटकर, आकाश को ही निहारते रहें तो उनके लिए बेहतर होगा। उनका मानसिक स्वास्थ्य तो सुधारेगा ही, हम सब को भी बड़ा फायदा होगा।*

**'कुछ न करना' सबसे कठिन काम है**

आज हम लोगों कों अक्सर कहते हुए सुनते हैं, "ओहो, यह जीवन कितना बोरिंग (उबाऊ) हो गया है।"

मुझे याद है जब मैं शिमला में नौकरी करता था, वहाँ की मॉल रोड़ पर --- सेसिल होटल के छोर से क्लार्क होटल के छोर तक --- टहलना एक मज़ेदार दिनचर्या होती थी। लोग आराम से टहलते रहते थे और जो भी मन में आए उसके बारे में बतियाते रहते थे। किसी को कोई जल्दी नहीं होती थी। तेज़ और फुर्तीली भगदड़ की बजाए एकदम सुस्त और मस्त सैर हुआ करती थी। असल में यह व्यायाम, शरीर से अधिक आत्मा के लिए होता था — शरीर का व्यायाम तो यूँ ही साथ में हो जाता था, 'बोनस' के रूप में। लोगों के हाथों में छतरियाँ होती थीं। और यदि कभी बूँदा-बूंदी शुरु हो गई तो हज़ारों छतरियाँ एक ही झटके में एक साथ खुलने लगती थीं, किसी फीचर-फिल्म के मनोहर दृश्य की तरह। फिर भी कोई हड़बड़ी नहीं मचाता था। सब बूँदा-बाँदी का मज़ा लेते थे। बच्चे, जवान, बूढ़े, सब टहलते थे, — कुछ न करते हुए। हाँ, रास्ते में बनी 'टक-शॉप्स' पर कभी कोई चिकेन-पैट्टी, या कॉफी, या पॉप-कॉर्न लेने के लिए ज़रूर रुक जाता था। उस चहलकदमी में हर चीज़ बढ़िया लगती थी --- वर्तमान महानगरों की भीड़-भाड़ से कहीं बेहतर।

एक बार मेरे एक पड़ोसी के घर बंबई (आज की मुंबई) से चार मेहमान आए। वे किसी हिल-स्टेशन (पहाड़ी स्थान) पर पहली बार आए थे। मेरा पड़ोसी बड़े जोश और उत्साह से उन्हें मॉल रोड घुमाने ले गया, जैसा कि शिमला आने वाले हर अतिथि के साथ किया जाता था कि उन्हें मॉल रोड पर टहलने के लिए ले जाया जाए। जैसे कि मॉल रोड, कोई सड़क न होकर कोई धर्म-स्थली अथवा तीर्थ-स्थान हो, जहाँ जाना हर अतिथि के लिए अनिवार्य हो। उन्होंने चलना शुरु किया, लेकिन पाँच-एक मिनट में ही उन्हें लगा कि कोई चल ही नहीं रहा था। लोग चल तो रहे थे लेकिन वैसे नहीं जैसे मुंबई में चलते हैं। मुंबई जैसे महानगरों में लोग ट्रेन पकड़ने के लिए दौड़ते हैं, चलती हुई 'बेस्ट' बस से कूद जाते हैं, दौड़कर टैक्सी रोकते हैं, और तेज़ी से दौड़ते हैं कि कहीं बीसवीं मंज़िल तक ले जाने वाली 'लिफ्ट' छूट न जाए। दिन भर भागम-भाग। कितने दुर्भाग्य की बात है, नहीं ? उन्हें समस्या हो रही थी कि क्या करें। उनमें से सबसे बुजुर्ग व्यक्ति ने कहा, "यार, यह जगह तो बहुत बोरिंग है। यहाँ कुछ होता ही नहीं है। ये लोग जीते कैसे हैं?" उन्हें कहा गया कि वे 'चिल्ल करें' अर्थात ठंड मारें और आराम करें। लेकिन वे इतने

ऊब चुके थे कि अपनी छुट्टियों को बीच में ही काटकर पाँच दिन में ही मुंबई लौट गए। उनके लिए 'कुछ न करना' असंभव था।

आज के युवा नए-नए, अजीबो-गरीब, 'फ़ैन्सी' क़िस्म के शब्द गढ़ने लगे हैं, --- 'एम्प्टिनेस विदिन' (भीतर का खालीपन), 'बोरिंग लाइफ' (उबाऊ जीवन), 'नो एड्रेनेलिन' (कोई रस / मज़ा नहीं), 'नो चेलेंज' (कोई चुनौती नहीं), 'आई वानाबी व्हेयर एक्शन इज़' (मैं वहाँ रहना चाहता हूँ जहाँ हलचल हो), आदि, आदि।

जब भी हमें कोई चीज़ 'बोरिंग' लगती है तो उसका मतलब होता है कि हमारे पास उसके लिए धैर्य नहीं है। आप रैस्टौरेंट (भोजनालय) में 'वेटर' (बायरा) के टमाटर सूप परोसने के लिए पांच मिनट तक प्रतीक्षा नहीं कर सकते। आप चाहते हैं कि सूप बढ़िया हो, गर्म हो, और तुरंत मिलना भी चाहिए, अभी के अभी। आपको प्रतीक्षा करना 'बोरिंग' लगता है, वास्तव में आप धैर्य खो चुके हैं। माइक्रोवेव्ज़ का आविष्कार इसीलिए हुआ। आपको दस मिनट में बर्फ जमाने के लिए रेफ्रिजरेटर चाहिए। तेज़ी से चावल पकाने के लिए कुकर चाहिए। दही जमाने की मशीन चाहिए, और ऐसी जरूरतों की सूची खत्म नहीं होती।

कोविड-19 की महामारी से हमारे जीवन में ठहराव की कुछ भावना उत्पन्न हुई है। हमें 'कुछ न करते हुए' घरों में रहने के लिए विवश होना पड़ा। ज़रा सोचिए, सारा संसार लगभग बीस महीनों के लिए घरों में बंद कर दिया जाए, --- न स्कूल, न दफ्तर, न खाने के लिए बाहर जाना, न सिनेमा, न पिकनिक --- फिर भी जिये। हमने आराम भी किया और अपने परिवारों के और करीब भी आए।

बचपन में हमें सहभागिता की भावना देखने को मिलती थी। हमारे पास आइसक्रीम बनाने की एक मशीन थी जो हाथ से चलती थी। तापमान कम करने के लिए धातु के ड्रम (गोलाकार बर्तन) के चारों ओर नमक और बर्फ के टुकड़े डालने पड़ते थे। पूरा परिवार इस कार्य में जुट जाता था, और एक चम्मच आइसक्रीम के लिए घंटों इंतजार करना पड़ता था। यह आप पर निर्भर करता था कि आप इसे कैसे देखते हैं: एक मज़ेदार खेल की तरह या किसी सजा के रूप में। यह आपके दृष्टिकोण पर निर्भर करता था।

आज आपको दुकान से एक मिनट में आइसक्रीम चाहिए ....!

# 10

# क्रोध की देखभाल

## Be Patient with Your Anger

अपने क्रोध से धैर्य बरतें

*Anyone can become angry --- that is easy.*
*But to be angry with the right person, to the right degree, at the right time, for the right purpose, and in the right way, is not easy*

*कोई भी व्यक्ति क्रोधित हो सकता है — ऐसा करना आसान है।*
*लेकिन सही व्यक्ति से, सही मात्रा में, सही समय पर, सही कारण से और*
*सही तरीके से क्रोधित होना, आसान नहीं है।*

*— Aristotle*
*— अरस्तू*

**हमारे अंदर का शैतान**

क्रोध, अनियंत्रित गुस्से को कहते हैं जिसमें हम अपने कार्यों पर संयम खो बैठते हैं--- हम क़समें खाते हैं, गालियाँ देते हैं, यहाँ तक कि दूसरों पर प्रहार भी करने लगते हैं। ऐसे दृश्य हमें सड़कों पर देखने को मिलते हैं, अखबारों में पढ़ने को मिलते हैं, टेलीविज़न

पर विचलित कर देने वाले समाचारों में मिलते हैं। क्रोध हमारी मानसिक स्थिति और हमारे आसपास के वातावरण के कारण पैदा होता है।

वातावरण को बदलने के लिए हम ज़्यादा कुछ नहीं कर सकते --- असल में हम कुछ भी नहीं कर सकते। यदि सड़क पर गाड़ियों की भीड़ है, हम उसे कम नहीं कर सकते; यदि कोई 'लर्नर' (शिक्षार्थी) गाड़ी चला रहा है, तो भी स्थिति को बदलना संभव नहीं है। वह हमारे आगे है तो आगे है; उसमें हम कुछ नहीं कर सकते। बार-बार हॉर्न बजाने, इशारेबाजी करने या उस व्यक्ति पर खीजने-चिल्लाने से वह और भी घबरा जाएगा और दुर्घटना कर बैठेगा जिसके लिए हम ही दोषी ठहराये जाएंगे। यदि किसी हाइवे (राजमार्ग) पर किसी दुर्घटना अथवा किसी ट्रक के उलट जाने से ट्रेफिक जाम हुआ है तो भी हम कुछ नहीं कर सकते। यह ऐसी स्थितियाँ हैं जो बाहरी कारकों द्वारा उत्पन्न होती हैं, जिनपर हमारा बहुत कम या ज़रा भी नियंत्रण नहीं होता।

फिर भी हम आए दिन क्रोध और गुस्से के शिकार होते रहते हैं। दरअसल, अधीरता रूपी शैतान हमारे भीतर बसता है। इसलिए हमारे वश में यदि कुछ है तो वह है स्थितियों पर हमारी प्रतिक्रिया।

## हमारी भावनाओं का महत्व

भावनाओं को प्रदर्शित करना एक प्रबंधनीय कला है। लेकिन हम लोगों को यह संकेत भी नहीं दे सकते कि हम मोटी चमड़ी के व्यक्ति हैं और हममें कोई भावनाएँ, संवेदनाएँ नहीं हैं। लोगों से उचित सम्बन्ध बनाए रखने के लिए स्थिति-अनुसार हमारी भावनात्मक प्रतिक्रियाओं का सकारात्मक अथवा नकारात्मक प्रदर्शन होना बहुत महत्त्व रखता है। सकारात्मक भावनाओं के प्रदर्शन से हम लोगों की सद्भावना अर्जित कर सकते हैं। हमारे मित्रों और परिवार पर भी इसका सुखदायक प्रभाव पड़ता है।

इसी प्रकार, क्रोध, नाराजगी, चिंता और आलोचना जैसी नकारात्मक भावनात्मक प्रतिक्रियाओं का उपयुक्त प्रदर्शन भी हमारे भावनात्मक भंडार और हमारे अस्तित्व का ही अंग है। हम भिन्न-भिन्न परिस्थितियों में, किसी न किसी मात्रा में इसे अवश्य अभिव्यक्त करते हैं। लेकिन, अतिसंवेदनशील होना और आत्म-नियंत्रण का अभाव, हमारे लिए हानिकारक हो सकते हैं। इनसे ऐसी प्रतिक्रियाएँ पैदा हो सकती हैं जो स्थितियों से किसी अनुपात में भी मेल न खाती हों।

संसार उन लोगों का सम्मान करता है जो संकट की घड़ी में शांत रहें। उपन्यासकार अर्नेस्ट हेमिंग्वे ने सही कहा है, "Courage is grace under pressure" (साहस दबाव के तहत अनुग्रह है।) इसलिए भावनाओं पर नियंत्रण रखना बहुत जरूरी है। इससे पहले कि हमारी भावनाएँ हमें नियंत्रित करने लगें, आइए हम उन्हें नियंत्रित कर लें !

## भावनात्मक अशांति का नियंत्रण

**घातक भावनात्मक बाहरी ट्रिपवायर** (बिजली की ज्वलंत तार)
हमारी कौनसी भावना कब 'ट्रिगर' (जागृत) हो जाए उसपर हमारा कोई नियंत्रण नहीं होता। और फिर वह क्या स्वरूप धारण कर ले उसपर भी हम ज़्यादा नियंत्रण नहीं रख सकते। यह इसलिए कि हमारी भावनाएँ किसी न किसी स्थिति के प्रति हमारी प्रतिक्रिया के रूप में उत्पन्न होती हैं, और उनका कारक एवं संदर्भ हमेशा बाहरी होता है, जिसपर हमारा कोई नियंत्रण नहीं होता। हर भावना ट्रिपवायर की तरह काम करती है, हमारी ओर से सहज प्रतिक्रिया का आह्वान करती है। एक बार हम ट्रिपवायर से टकराते हैं तो केवल सामान्य ज्ञान पर आधारित सरल तरीके ही हमारी मदद कर सकते हैं।

> We cannot avoid birds from flying overhead but we can always stop them from making a nest in our hair.
>
> हम पक्षियों को अपने सर के ऊपर से उड़ने से तो नहीं रोक सकते लेकिन उन्हें हमारे बालों में घोंसले बनाने से अवश्य रोक सकते हैं।
>
> — Chinese proverb
> — चीनी लोकोक्ति

**निवास समय**
भावनाओं को उत्पन्न करने वाली अप्रत्याशित स्थितियों पर हमारा कोई नियंत्रण नहीं होता, जैसे किसी दुर्घटना का दृश्य, किसी व्यक्ति का किसी करीबी दोस्त से गाली-गलोच, आदि। लेकिन कोई भावना हमारे अंदर कब तक रहती है, इसपर हम कुछ तक नियंत्रण ज़रूर रख सकते हैं। इसे मैं 'Dwelling Time" (निवास समय) कहता हूँ। निवास, मतलब एक स्थान पर रहना, जैसे हम जिस घर में रहते हैं उसे अपना निवास-स्थान कहते हैं। यदि हमारी भावना नकारात्मक हो तो उसे अपने दिमाग में स्थायी तौर पर रहने की अनुमति नहीं देनी चाहिए। उसे शीघातिशीघ्र दिमाग से निकाल फेंकना चाहिए, क्योंकि ऐसा करना तो हमारे वश में है। कम-से-कम इसके लिए तो हम ईमानदार कोशिश कर सकते हैं। यदि हमें कोई व्यक्ति कुछ अप्रिय शब्द बोल देता है,

हमें अवश्य बुरा लगेगा, लेकिन नाराज होकर हमें अपने जीवन को दुखी नहीं करना चाहिए। अपने आप को संभालने और अच्छा जीवन जीने की कला इसी में है कि हम नकारात्मक भावनाओं के 'निवास समय' को घटाते रहें।

हिंदी में एक पुरानी कहावत है, जो किसी को कोसने के लिए इस्तेमाल की जाती है: "मैं सात जन्मों तक तुम्हें माफ नहीं करुंगा।" वास्तव में, यह कहकर हम दूसरों को नहीं बल्कि स्वयं को कोस रहे होते हैं! क्या हम वाकई इस बात को सात जन्मों अथवा सात पीढ़ियों तक याद रखना चाहेंगे और ऐसा करके सदैव दुखी होते रहेंगे ? यदि हाँ तो हम अवश्य ही अव्वल दर्जे के मूर्ख व्यक्ति हैं।

**भावनात्मक दिमाग के नियंत्रण के लिए अपने तर्कसंगत दिमाग का प्रयोग**

प्रकृति ने हम मनुष्य-जाति को एक तर्कसंगत दिमाग दिया है; ताकि हम जब भी किसी बाहरी 'ट्रिपवायर' से टकराएँ तो अपने भावनात्मक दिमाग पर नियंत्रण रखने के लिए इसका प्रयोग कर सकें। जब जानवर किसी बाहरी क्रिया पर अपनी प्रतिक्रिया व्यक्त करते हैं, तो उन्हें इसकी समझ नहीं होती कि उस प्रतिक्रिया में उन्हें कहाँ तक जाना है और कहाँ रुकना है। इसीलिए यदि कोई मनुष्य बिना रुके चिल्लाता रहता है तो उसके लिए हम इस अभिव्यक्ति का उपयोग करते हैं: "कुत्ते की तरह भौंकना"। यदि बिना कुंडी का दरवाज़ा हवा के झोंके से खटकता है तो कुत्ता उसके हर बार खटकने पर भौंकता रहेगा चाहे दरवाज़ा कितनी ही बार क्यों न खटके। लेकिन हम इसे किसी और ढंग से लेंगे। हम एक बार दरवाजे की जांच करेंगे और यह देखकर कि उसमें कुंडी नहीं है, इस बात को अपने मन में बैठा लेंगे और जब भी दरवाज़ा खटकेगा हम उठकर उसे देखने नहीं जाएंगे। दूसरे ही दिन, हम दरवाजे की मरम्मत के लिए उचित कार्रवाई भी करेंगे। अपने आप को किसी स्थिति से बाहर निकालना या वास्तविकता से सामंजस्य बिठाना ही भावनात्मक अशांति को नियंत्रित करने की कुंजी है।

धैर्य क्रोध और गुस्से की 'एंटीडोट' (विषहर औषध) है। यदि हम ट्रैफिक जाम में फंसे हैं तो उससे निकलने के लिए हमारे पास कई विकल्प होते हैं। प्रथम, हम नगरपालिका को कोस सकते हैं, अपने शहर के प्रबंधन को दोष दे सकते हैं, सरकार को या फिर मुख्य मंत्री को दोष दे सकते हैं। दूसरे, हम कार से बाहर निकलकर, आगे बढ़कर देख सकते हैं कि हुआ क्या है और ऐसा करते हुए इसको, उसको, सबको हाथ उठा-उठाकर गालियाँ दे सकते हैं। इससे स्थिति नहीं बदलेगी। तीसरे, हम कार में बैठकर हॉर्न बजाते रहते हैं। इससे भी कुछ नहीं होगा। चौथा विकल्प यह है कि हम कार का म्यूज़िक सिस्टम (रेडियो) ऑन करके अपना लैपटॉप निकालते हैं और शाम को अपने बॉस के सामने पेश की जाने वाली 'पी पी टी' (प्रस्तुति) बनाने लगते हैं। ये

सभी व्यवहारिक विकल्प हैं, केवल हमें चुनाव करने की जरूरत है। यह हमारे धैर्य की परीक्षा है जिससे हमें प्रतिदिन गुज़रना पड़ता है। जब हमारे जीवन में ऐसे अवसर प्रतिदिन आएंगे तो हम कब तक चिल्लाते रहेंगे ?

> Let not the sun go down upon your wrath.
>
> अपने क्रोध पर सूर्यास्त न होने दें।
>
> — Bible
> — बाइबल

# 11
# कुछ व्यायाम

**Let Us Do It**
**आओ करते हैं**

*Nature does not hurry, yet everything is accomplished.*

*प्रकृति जल्दबाज़ी नहीं करती, फिर भी सब काम पूरे होते हैं।*

*— Lao Tzu*
*— लाओ त्सू*

**जल्दबाज़ी की बीमारी**

जल्दबाज़ी की बीमारी ने हम सब को तेज़ी से जकड़ रखा है। आज हम सब इस बीमारी से पीड़ित हैं। इसी के कारण हम जीवन के बुनियादी सुखों का भी आनंद नहीं उठा पा रहे। लेकिन याद रहे, "जिंदगी ना मिलेगी दोबारा," हमें जीवन में दूसरा मौका नहीं मिलेगा। यह पुस्तक 'जल्दबाज़ी' नाम की बीमारी के विषाणु के बारे में ही है और अब हमें कुछ व्यायामों का अभ्यास करने की आवश्यकता है क्योंकि अभ्यास ही व्यक्ति को पूर्ण / निपुण बनाता है।

> Most men pursue pleasure with such breathless haste that they hurry past it.

अधिकांश लोग साँस फुलाए आनंद के पीछे ऐसी जल्दबाजी से भागते हैं कि आनंद पीछे छूट जाता है।

— Soren Kierkegaard
— सोरेन कीर्केगार्ड

इसके लिए हमें किन्हीं नए और चटक-भटक वाले व्यायामों की ज़रूरत नहीं है, क्योंकि वे तो पहले ही हमारे जीवन में भरपूर मात्रा में उपलब्ध हैं। वास्तव में, हमें अपने दैनिक परिदृश्यों पर काम करने की आवश्यकता है ताकि हम जीवन में धैर्य का गुणक बढ़ा सकें।

अब ज़रा इसपर ध्यान दीजिए: हम रात-दिन सुनते रहते हैं कि: 'Hit the ground running' (काम शीघ्र शुरू करें) या 'Speed is God' (गति ही भगवान है ) या 'Think at the speed of light' (प्रकाश की गति से सोचें) या 'Perish or perform' (करें या मरें) या फिर 'If you don't do it, somebody else will do it' (आप नहीं करेंगे तो कोई और करेगा)। ये ऐसी अपेक्षाएँ हैं जो निरंतर हमारे पीछे लगी रहती हैं और हमें विवश कर देती हैं कि हम अपनी सीमाएं फांदकर किसी न किसी कार्य में व्यस्त रहें।

इन सब की बजाय, हमें ऐसे 'साइनबोर्ड्ज़' (सूचना-पट्ट) चाहिएँ जिनपर लिखा हो, 'Relax and chill' (आराम करें, ठंड मारें) या 'If you don't do it someone else will do it for you' (आप नहीं करेंगे तो आपके लिए कोई दूसरा कर देगा) या 'Don't be fidgety (व्याकुल न हों) या 'Go slow, heavens won't fal'l (आराम से चलें, आसमान नहीं गिरने वाल) या फिर 'take it easy (चिंता न करें) या 'This is not the end of the world' (यह जीवन का अंत नहीं है) या फिर 'Mistakes will happen' (गलतियाँ होती रहेंगी) (इसे तो एक बार मैंने भी अपने दफ़्तर में लगा रखा था)। ये सब सुख देने वाली उक्तियाँ हैं।

आज नौ मिनट से भी कम समय में डॉक्टर का दौरा हो जाता है; दो अल्पकालीन बैठकों में दंत चिकित्सक 'रूट कैनाल' का उपचार कर देते हैं; सेकेंड्ज़ (कुछ क्षणों) में लिफ्ट आपको चालीस मंज़िल ऊपर ले जाती है; हम कंप्यूटर के चालू होने के लिए एक मिनट की प्रतीक्षा भी नहीं कर पाते; डिस्प्रिन (दर्द की गोली) के घुलने में सेकेंड्ज़ की प्रतीक्षा नहीं होती; सिरदर्द हो तो छह मिनट में गायब हो जाए; ईनो (बदहज़मी की दवा) छह सेकेंड्ज़ में गैस से राहत दिलवा दे; तेईस सेकेंड्ज़ में बंद नाक खुल जाए; तीस सेकेंड्ज़ में विक्स (खांसी की गोली) करिश्मा कर दिखाए; दो मिनट में पेट साफ हो जाए, यानि शौचालय के पॉट पर भी हम शांति से नहीं बैठ पाते। लानत है ऐसी ज़िंदगी पर ! दिन में चौबीस घंटे अर्थात 86,400 सेकेंड्ज़ होते हैं।

मेट्रो गाडियाँ छह मिनट में एक से दूसरे स्टेशन पर पहुँच जाती हैं, जल्दी, जल्दी, और जल्दी, लेकिन किसलिए और क्यों ?

मेरा एक बॉस था जो हमेशा जल्दी में रहता था, और उसका पसंदीदा वाक्यांश था, "कल की तरह।" तो मैंने मज़ाक के तौर पर एक शपथ गढ़ रखी थी, "मैं जो भी करूंगा जल्दी करूंगा और जल्दी के सिवा कुछ नहीं करूंगा", ठीक उसी तरह जैसे किसी न्यायाधीश के सामने गवाही देते समय शपथ ली जाती है, "मैं गीता की कसम खा कर कहता हूं मैं जो भी कहूँगा सच कहूँगा सच के इलावा कुछ नहीं कहूँगा।"

आप यह सब करके अपने अधीरता के कीड़े का नाश कर सकते हैं:

1. आज आपका 'नो-हॉर्न' दिवस है। हम सभी हर समय कार या दोपहिया गाड़ी चलाते समय व्यर्थ ही हॉर्न बजाते रहते हैं। इसे बंद करें।
2. अपनी 'इलेक्ट्रॉनिक' खुजली पर क़ाबू पाएँ। हम पूरा दिन व्हाट्सएप पर संदेश भेजते रहते हैं। इसे धैर्य विकसित करने का उपकरण बनाएँ। संदेश को पढ़ें लेकिन फॉरवर्ड न करें।
3. हर मिनट बाद अपने फोन में झांकना बंद करें। अपने आपको वचन दें कि आप अपना फोन दो घंटे में केवल एक बार ही देखेंगे।
4. सप्ताह में एक बार अपना फोन घर पर छोड़कर 'मोबाइल फास्टिंग' (फोन-उपवास) करें। आसमान नहीं गिरेगा और आपका दिन भी अच्छा व्यतीत होगा। लेकिन इसके लिए आपको साहस जुटाना पड़ेगा; भले ही, ज़रूरी हो तो बाद में आप अपने आपसे क्षमा मांग लें।
5. लिफ्ट का प्रयोग करते समय लिफ्ट के बटन को एक से अधिक बार न दबाएँ और धैर्यपूर्वक उसके आने की प्रतीक्षा करें। लिफ्ट आने पर उसमें कूदने की जल्दी न करें। पहले लोगों को बाहर निकलने दें उसके बाद आराम से उसमें प्रवेश करें।
6. खाना धीरे-धीरे खाएं, उसे निगलें नहीं।
7. खाना खाते समय फोन को साइलेंट पर रखें और शांति व दिल से भोजन करें। भोजन समाप्त कर आप फोन देख सकते हैं और यदि कोई मिस्ड कॉल / संदेश हों तो उनपर शांति से अपनी प्रतिक्रिया भी दे सकते हैं। मैं ऐसा ही करता हूँ और यह अद्त काम करता है। हमें लगता है कि हम कुछ घंटे अपने लिए निकाल लेंगे तो दुनिया थम जाएगी। भूल जाइए। ऐसा बिल्कुल नहीं है। किसी को भी आपकी कमी नहीं खल रही। यदि आपकी गाड़ी ड्राइवर चला रहा है तो आप अखबार अथवा कोई किताब पढ़ें। सफर करते हुए कुछ सीखें।

8. ट्रैफिक सिग्नल या क्रॉसिंग पर अपनी कार अथवा बाइक को स्विच ऑफ (बंद) कर दें। कार में हैं तो संगीत सुनें, हरी बत्ती पर हॉर्न न बजाएं। दोपहिया वाहन पर हैं तो स्वयं गुनगुनाएँ।
9. यदि आपको लगे कि आपका धैर्य खो रहा है तो दस तक, चाहे तो बीस तक भी, गिनने के पुराने तरीके को आज़माएँ।
10. पंक्ति या कतार में खड़े हों तो कोई गीत गुनगुनाएँ या फिर अपने बचपन या छुट्टियों के बारे में सोचें। अपने दिमाग को व्यस्त रखें। यहाँ पर आप अपने लंबित संदेश भेजने के लिए अपने फ़ोन का उपयोग भी कर सकते हैं जिससे आपका समय भी कट जाएगा।
11. रोना बंद करें और निश्चिंत रहने की कोशिश करें। याद रखें, शांत रहना एक विकल्प है जिसे आपको चुनना पड़ेगा।

इन बातों पर प्रतिदिन अमल करें और आप अवश्य सफल होंगे। अपने आपसे बार-बार कहते रहें, "हाँ, मैं कर सकता हूँ" और आप देखेंगे कि आप वाक़ई कर सकते हैं।

यदि कोई समस्या है जो आपको निरंतर सता रही है तो निम्नलिखित काम करें:

a: समस्या को कागज़ के टुकड़े पर लिख लें। इससे समस्या को बेहतर ढंग से समझने में सहायता मिलेगी।
b: सोचें कि वर्तमान परिस्थितियों में सबसे अच्छा क्या किया जा सकता है।
c: यह भी सोचें कि सबसे खराब स्थिति और उसका परिणाम क्या हो सकता है।
d: परिणाम जो भी हो उसे स्वीकार करें (इससे आपके दिल और दिमाग को दबाव से राहत मिलेगी।
e: अब उपरोक्त बिंदु b के अनुसार समस्या को हल करने का भरसक प्रयास करें।

इस प्रकार आप धैर्यपूर्वक व अपनी क्षमता और परिस्थितियों के अनुसार समस्या का समाधान करने में सक्षम होंगे।

कई खेल बहुत चुनौतीपूर्ण और सुखदायक हो सकते हैं। गोल्फ के खेल का ही उदाहरण ले लें। यह एक अत्यंत तकनीकी खेल है जिसमें धैर्य की बहुत आवश्यकता होती है और जिसे धैर्य के निर्माण के लिए भी इस्तेमाल किया जा सकता है। यह आप पर निर्भर करता है।

मैंने यह खेल जीवन में काफी देर से शुरू किया और एक मित्र के परामर्श पर मैंने एक कोच (प्रशिक्षक) भी रख लिया। हम 'ड्राइविंग रेंज' पर गए और मुझे खेल की मूल बातें सिखाई गईं और अंत में मैंने 'स्विंग' लेना और गेंद को हिट करना सीख लिया। इस

खेल में पहले कुछ महीनों में धैर्य की बहुत आवशयकता होती है क्योंकि कुछ भी ठीक नहीं होता। पहले कुछ सप्ताह बहुत निराशाजनक भी होते हैं, और मन करता है कि छोड़-छाड़कर भाग जाएँ। प्रतिदिन कई-कई घंटों तक धैर्यपूर्वक छोटी सी गेंद को छोटी सी क्लब (गोल्फ की छड़ी) से हिट करने की कोशिश करनी पड़ती है। लेकिन एक बार खेल समझ में आ जाए और इसका चस्का लग जाए तो आप गोल्फ कोर्स जाने और खेलने के लिए बेचैन रहने लगते हैं। एक बार फिर, प्रेक्टिस रेंज पर अभ्यास करने के लिए आपको धैर्य की आवश्यकता पड़ती है। मेरा कोच चाहता था कि मैं खेलने लगूँ और गोल्फ कोर्स का अनुभव लूँ, लेकिन मैंने मना कर दिया। गोल्फ-कोर्स में कूदने से पहले खेल को अच्छी तरह समझने में मैं कुछ और समय व्यतीत करना चाहता था। और इससे मुझे मदद मिली, क्योंकि पहले दिन से ही मेरा खेल अच्छा हो गया, खेलने-योग्य हो गया। यही बात 'ग्रींज़' पर लागू होती है। 'पटिंग' भी धैर्य का खेल है। स्कोर करने की जल्दी से ज़्यादा, प्रत्येक शॉट को मापने की ज़रूरत होती है।

मछली पकड़ने में भी हाथ आजमाँ कर देखें। इसके लिए भी बहुत धैर्य की ज़रूरत होती है।

> It is easier to find men who will volunteer to die, than to find those who are willing to endure pain with patience.
>
> धैर्य से पीड़ा सहन करने वाले लोगों की तुलना में स्वेच्छा से मरने वाले लोग आसानी से मिल जाते हैं।
>
> — Julius Caesar<br>
> — जूलियस सीज़र

# 12

# अपने आपसे प्रेम करें

**Accept Things as They are**
**--- Don't Try to Turn the world Around**

**जो जैसा है उसे स्वीकार करें**
**--- दुनिया को बदलने की चेष्टा न करें**

*Loving yourself isn't vanity. It's sanity.*

*अपने आपसे प्रेम करना घमंड नहीं, विवेक है।*

*— Andre Gide*
*— आंद्रे गिदे*

**हाँ, आपने सही सुना:** दुनिया को बदलने की चेष्टा न करें, क्योंकि आप ऐसा करेंगे भी तो दुनिया तो बदलने से रही, आप स्वयं चक्कर में पड़ जाएंगे और व्यर्थ में सिर दर्द मोल ले लेंगे।

धैर्य का मतलब ही यही है कि आप ख़ुद पर रहम करना सीखें, स्वयं पर अपनी कृपा-दृष्टि बनाए रखें। दुनिया आपके लिए नहीं बदलेगी; आपको ही उसके अनुसार बदलना पड़ेगा।

दूसरी बात, पूर्णतावादी बनने की कोशिश तो बिलकुल ही न करें; जो होना संभव ही नहीं है उसे करने की और दुनिया पर यह साबित करने की कोशिश बिलकुल न करें कि आप सब कुछ कर सकते हैं, सबसे अच्छे हैं, सर्वोत्तम हैं। ऐसी कोई गलतफहमी यदि दिल में है तो उसे तुरंत निकाल फेंकें और सत्य का सामना करना सीखें। ख़याली पुलाव बनाने अथवा हवाई घोड़े दौड़ाने से कुछ प्राप्त नहीं होगा। जीवन बहुमूल्य है और

केवल एक बार मिलता है। इसलिए इसे व्यर्थ न गँवाएँ। गति की धुरी से पाँव हटाएँ। खुशी-खुशी जियेँ और रो-पीटकर जीवन बर्बाद न करें।

आपके लिए आपका जीवन चॉकलेट-सॉस-युक्त-टूटी-फ्रूटी की भांति होना चाहिए, नीरस 'वेनिला स्कूप' की तरह नहीं। आइस-क्रीम अच्छी है और सवादिष्ट है तो यह बात मायने नहीं रखती कि उसमें कितनी 'कैंडीज' हैं और कितने फल। एक-आध कम होने से भी कोई फर्क नहीं पड़ता। आप चाहें तो 'चॉकलेट सॉस' और डाल सकते हैं। खेल खेलें और खेल का मज़ा लें, 'स्कोर' (अंक) ही न गिनते रहें। अपने आप पर रहम करें ; अपने-आपसे गौरवमय व्यवहार करें, अपने-आप से प्रेम करना सीखें.... और मज़े लूटें। कभी-कभार अपने-आपको बख्शना भी सीखें, सज़ा ही न देते रहें। और यह सब काम आज ही से, बल्कि अभी से शुरू कर दें, हो सकता है कल तक देर हो जाए.... बहुत देर !

जीवन की इस चूहे-बिल्ली की दौड़ में, मेवे-ही-मेवे मत तलाशते रहें, बगल में रखे पनीर के टुकड़ों पर भी ध्यान दें।

आपके पास नींबू हैं तो नींबू-पानी बनाएँ। उसमें पिसी हुई थोड़ी सी बर्फ डालकर उसे और भी स्वादिष्ट बनाएँ। आपके पास जो है और आपको जो मिल सकता है उसका पूरा आनंद लें। जीवन प्रतिदिन के हिसाब से जियें: क्या पता, कल हो ना हो !

> Make your ego porous. Will is of little importance, complaining is nothing, fame is nothing. Openness, patience, receptivity, solitude is everything.
>
> अपने अहम को झरझरा बनाएँ। इच्छा, शिकायत, प्रसिद्धि, इन सब का कुछ अर्थ नहीं है। स्पष्टता, धैर्य, ग्रहणशीलता, एकांत सब कुछ है।
>
> — Rainer Maria Rilke
> — रैनर मारिया रिल्के

# स्व-मूल्यांकन प्रश्न-
# धैर्य का सारांश

1. आप धैर्य का क्या अर्थ निकालते हैं और हमारे जीवन में इसका क्या महत्व है?
2. भावनात्मक एवं समय-प्रवाह के स्तर पर धैर्य का क्या अर्थ है?
3. इस उद्धरण की व्याख्या करें: "मेरे जीवन में कई तूफान आए हैं। उनमें से अधिकांश तो बिना पूर्व सूचना के ही आए। इसलिए मैं जल्द ही समझ गया कि आने वाले समय पर नज़र रखना ज़रूरी है; मौसमों को मैं अपने वश में नहीं कर सकता; इसलिए मुझे धैर्य का सबक सीखना चाहिए और प्रकृति के प्रकोप का सम्मान करना चाहिए।"
4. "इच्छाएं सदैव पूरी नहीं होतीं।" इस कहावत से आप क्या समझते हैं?
5. अपने अनुभव से एक उदाहरण देंकर बताएँ कब आपके धैर्य को चुनौती दी गई और आपने उसे सफलता से लिया।
6. "न सुख न दुख, कुछ भी स्थायी नहीं है।" अपने शब्दों में इसकी व्याख्या करें।
7. "हम खेल खेलने की बजाय स्कोर गिनने में ही समय बिता देते हैं," अपने शब्दों में इसकी व्याख्या करें।
8. निम्नलिखित दार्शनिक उद्धरण से आप क्या समझते हैं, अपने शब्दों में स्पष्ट करें:

I can calculate everything but not the number of moments in a second.

मैं सब कुछ गिन सकता हूँ लेकिन एक सेकेंड में कितने पल होते हैं यह नहीं।"

— Khalid Masood
— खालिद मसूद

9. खाना खाने और उसका अधिकतम लाभ उठाने का सबसे अच्छा तरीका क्या है?
10. आँकड़े हमें क्यों परेशान करते हैं?
11. अब तक के अपने जीवन को एक रेखा के रूप में समझाएँ और बताएँ कि उस रेखा पर आपने किन-किन महत्वपूर्ण बिंदुओं का सामना किया ?
12. जैसा कि इस पुस्तक में बताया गया है, "मल्टीटास्किंग (बहु-कार्यन) एक मिथक है," एक व्यक्तिगत उदाहरण देकर इसका अर्थ समझाएँ।
13. इसका क्या अभिप्राय है: "कभी-कभी मुझे लगता है कि हमारे आध्यात्मिक जीवन के विकास और उसकी गहनता के लिए केवल दो ही निर्देशों का पालन करने की आवश्यकता है: जीवन धीमी गति से जियें और संसार की चिंता न करें।"
14. यह पुस्तक पढ़ने के बाद आप अपने काम की प्राथमिकताएँ कैसे निर्धारित करते हैं ? उसके लिए आपके पास कोई और रास्ता भी है?
15. 'इस पल में जियो', इससे आप क्या समझते हैं? एक उदाहरण के साथ 200 शब्दों में समझाएँ।
16. "कुछ नहीं करना ही सबसे बड़ा काम है", इसके फायदे अपने शब्दों में बताएँ।
17. इस उद्धरण को अपने शब्दों में स्पष्ट करें: " क्रोध किसी को भी आ सकता है — बहुत आसान है। लेकिन सही व्यक्ति से, सही मात्रा में, सही समय पर, सही कारण से और सही तरीके से क्रोधित होना, आसान नहीं है
18. "क्रोध का निवास समय"से क्या अभिप्राय है?
19. अपनी अधीरता को नियंत्रित करने के लिए सात व्यवहारिक उपाय बताएँ।
20. "अपने आपसे प्रेम करना घमंड नहीं, विवेक है।" इसे उदाहरण देकर अपने शब्दों समझाएँ।